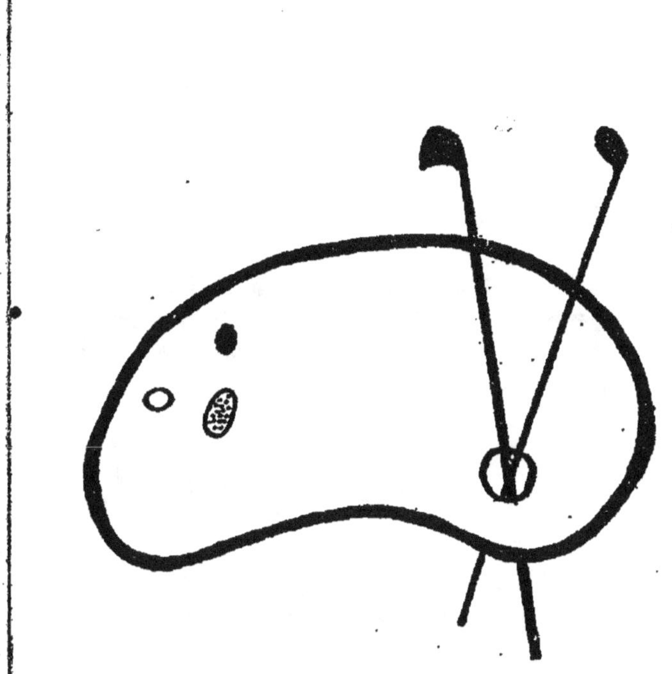

DEBUT D'UNE SERIE DE DOCUMENTS
EN COULEUR

QUESTIONS HISTORIQUES

Georges GOYAU

Un Clergé National et Social

LE CLERGÉ IRLANDAIS

BLOUD & Cie

S. et R. 488

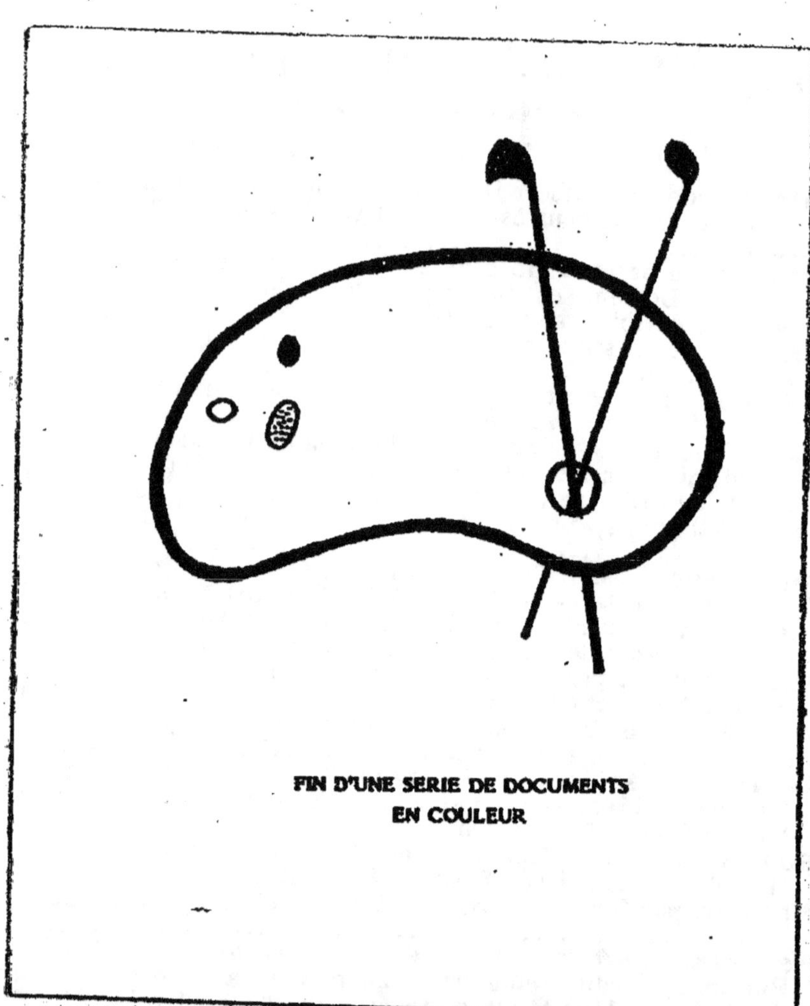

FIN D'UNE SERIE DE DOCUMENTS
EN COULEUR

UN

Clergé national et social

LE CLERGÉ IRLANDAIS

PAR

Georges GOYAU

PARIS

LIBRAIRIE BLOUD & Cie

1908

MÊME COLLECTION

PRÉFACE

M L. Paul Dubois vient d'écrire, sur l'*Irlande contemporaine et la question irlandaise* (1), un de ces maîtres livres qui, pour quelques années, fixent les données d'un problème et qui, plus tard, lorsque avec le temps elles ont varié, perpétuent pour les chercheurs le vestige d'un fugitif moment d'histoire. Il a consulté deux sortes de témoins : des papiers et des hommes ; et son exemple même mérite d'être retenu, comme une excellente méthode d'enquête.

S'il ne se fût fié qu'aux documents, il eût couru le risque de mal comprendre ; s'il ne se fût fié qu'à des interlocuteurs, il eût couru le risque de mal savoir. C'est en épluchant des imprimés que l'on complète ou que l'on rectifie ce qu'il y a de fragmentaire, d'indécis, d'inconsciemment inexact, dans les renseignements ou les impressions qu'une interview procure ; mais c'est en sollicitant ces renseignements, en provoquant ces impressions, que l'on se transporte dans une certaine atmosphère, que l'on se place à de certains points de vue, nécessaires pour l'intelligence parfaite des sources écrites. Car les paroles humaines ont des nuances, sous le reflet desquelles les textes écrits s'éclairent et se colorent ; il n'est pas jusqu'aux réticences humaines qui ne se trahissent par je ne sais quel frémissement, et qui ne laissent surprendre, au delà de la barrière des lèvres, une pensée réprimée ou deux mots en arrêt.

(1) Paris, Perrin.

Dominant avec une excellente optique un champ d'études très complexe, M. L. Paul-Dubois sut dans ses voyages faire causer les hommes, et dans les bibliothèques faire causer les livres ; l'œuvre qu'il nous apporte est la sanction de ce double effort et le témoignage de ce double talent. Il a dit l'avant-dernier mot sur la question irlandaise, et ne prétend à rien de plus : l'histoire seule dira le dernier. N'attendez pas de lui qu'il dogmatise avec une aventureuse rigueur sur l'Irlande d'après-demain. D'autres peut-être, lorsque d'un geste décisif ils donnent leur bon à tirer, aimeraient à croire, ou tout au moins à laisser croire, que du même coup ils scellent l'histoire future et que devant leurs derniers pronostics les peuples s'inclineront, comme font les protes devant leurs dernières corrections. M. L. Paul-Dubois, lui, est trop familier avec les imprévus de la politique et de la vie sociale pour vouloir emprisonner dans les conclusions d'une thèse les destinées de l'Irlande.

Il y a, chez lui, un sens très délicat et très menu des multiples impondérables qui transforment, au jour le jour, le cerveau des hommes et l'aspect des choses — forces occultes, souveraines, accablantes pour l'historien qui voudrait jouer à l'augure. Il fait plus et mieux que de vouloir résoudre la question irlandaise ; il nous y mêle, il nous y plonge ; il nous donne, sur un terrain mouvant, un spectacle mobile, le spectacle de la vie d'un peuple avec ses énergies et ses sommeils, sa logique et ses surprises, ses impétuosités et ses timidités, avec tout ce qu'elle a d'exubérant et avec tout ce qu'elle a d'incomplet, avec ce qu'elle réalise et avec ce qu'elle essaie, avec tout ce qu'elle traîne d'archaïsmes et avec tout ce qu'elle recèle de virtualités, peut-être fécondes, peut-être stériles.

Il nous a semblé que les pages de l'auteur sur l'évolution actuelle du clergé irlandais ont la portée d'une révélation : l'église d'Irlande est à un tournant de son histoire, elle demeure essentiellement nationale, ou pour mieux dire, nationaliste, mais avec des méthodes nouvelles, des buts nouveaux, un esprit nouveau. Ce qu'elle fut dans le siècle passé, et comment elle s'identifia, d'un zèle fidèle et tenace, à toutes les aspirations du peuple irlandais, nous voudrions essayer de le redire en nous aidant de l'ouvrage capital publié il y a douze ans par Mgr John Healy sur le collège de Maynooth, et des correspondances mêmes laissées par les évêques Doyle et Mac Hale (1) ; et cet essai d'histoire nous permettra de mieux comprendre, ensuite, et de mieux interpréter les indications si précieuses par lesquelles M. L. Paul-Dubois nous éclaire l'époque contemporaine.

Paris, octobre 1907.

(1) *Maynooth College ; its centenary history, 1795-1895,* by Most Rev. John Healy. Dublin, Browne et Nolan, 1895.

Un Clergé national et social
Le Clergé irlandais.

I

L'oppression politique et économique
des Irlandais.

Sur cette Irlande qui achève de s'éveiller, sept siècles d'assauts et d'oppression pèsent encore ; ils ont accumulé les ruines. « Ce n'est pas pendant une ou même vingt administrations, avouait naguère Macaulay, mais pendant des siècles, que nous avons employé l'épée contre les Irlandais catholiques ; nous avons essayé de la famine, nous avons eu recours à tous les artifices des lois draconiennes, nous avons tenté l'extermination sans frein, non pour abaisser ou vaincre une race abhorrée, mais pour effacer toute trace de ce peuple dans le pays qui la vit naître (1). »

Race rayonnante, race assimilatrice, l'Irlandais conquérait assez vite, d'une sorte de conquête morale, l'Anglais qui depuis le xiie siècle s'établissait chez

____

(1) Cité par le P. Ad. PERRAUD (plus tard cardinal), dans ses *Etudes sur l'Irlande contemporaine*, ii, p. 474 (Paris, Douniol, 1862).

lui (1) : alors l'Etat anglais conçut le projet brutal de
supprimer l'Irlandais ; et, pour cette œuvre de mort,
tous les moyens parurent bons.

La famine fut une complice, dont l'Etat anglais
acceptait très volontiers le concours. En plein xvie siècle, déjà, le poète Spenser interrompait l'enchevê-
trement de ses longues féeries pour expliquer avec
désinvolture, dans un écrit spécial, que les Irlandais,
affamés, auraient vite fait de se dévorer les uns les
autres. « On voit, de tous les coins des bois, écrivait-il
froidement, des êtres qui rampent à quatre pattes, car
leurs jambes ne peuvent les porter : on croirait des
squelettes ; leur voix semble celle de spectres échappés
des tombeaux ; ils se nourrissent de charognes, trop
heureux quand ils en trouvent : ils déterrent les
cadavres quand ils peuvent (2). » Au xixe siècle,
de 1846 à 1849, trois famines consécutives mettaient le sceau de la mort sur 729.000 lèvres d'Irlandais, « plus de victimes, a dit John Bright, que l'Angleterre n'a jamais perdu de soldats dans une guerre (3) ».
Les récits de ces disettes sont tragiques : les routes
étaient devenues comme des charniers, où pourrissaient
les cadavres, et les chantiers publics multipliés pour
soulager ces détresses ne servaient de rien. « Après
tout, disait allègrement un prince de la Maison Royale,
l'Irlande n'est pas dans un si mauvais état qu'on le dit.
On m'assure que des pommes de terre pourries, des
algues marines et de l'herbe, mélangées en proportion
convenable, forment une nourriture très saine. Nous

---

(1) L. Paul-Dubois, *op. cit.*, p. 14, explique comment Edouard III, en
1367, luttait déjà contre l' « hibernisation » des Anglais conquérants,
en leur défendant, par le statut de Kilkenny, d'épouser des Irlandaises ;
et il cite, p. 32, un mot curieux de Lecky sur la conquête des soldats
de Cromwell par le catholicisme des femmes d'Irlande.

(2) Jusserand, *Histoire littéraire du peuple anglais,* ii, p. 395-397.
(Paris, Didot.)

(3) L. Paul-Dubois, *op. cit.*, p. 65.

savons tous que les Irlandais peuvent vivre de tout (1). »

On comptait sur l'émigration pour continuer l'œuvre de dépeuplement : émigration contrainte, telle que l'imposa Cromwell à des milliers d'Irlandais et d'Irlandaises qu'il fit vendre comme esclaves à la Jamaïque et aux Barbades ; émigration spontanée, telle qu'elle se dessina sous la pression de la faim, et qui, de 1846 à 1851, enleva à l'Irlande 1.240.737 de ses enfants. Et sur les bateaux mêmes qui déportaient et dépaysaient ces malheureux, il semblait que le terrible verdict de suppression, porté par l'Etat anglais contre la race irlandaise, les poursuivît encore, sans relâche ni pitié : l'*Avon* perdait 246 passagers sur 552 ; le *Virginius* en perdait 267 sur 476 ; on les appelait les bateaux cercueils, sortes d'épaves flottantes auxquelles s'accrochait, pour mourir, une race déracinée (2).

Quant aux Irlandais qui restaient enracinés en Irlande, on peut constater que depuis le milieu du xviie siècle, l'Etat anglais, par une savante politique, raréfia pour eux les moyens de vivre. « Je ne bois pas aux morts », ripostait Swift, au xviiie siècle, lorsque devant lui on portait un toast aux industries irlandaises (3) ; et de fait, dès le début de son règne, Guillaume III promettait aux tisserands anglais de faire tout ce qui dépendait de lui pour décourager l'industrie des laines en Irlande. Des *vetos* draconiens, portés en 1699, s'opposèrent à l'exportation de ces laines ; elles cessèrent d'être pour l'Irlande une richesse. De pareils ukases condamnèrent à mort, tour à tour, l'industrie du verre, celle des bières, celle des chapeaux, celle de la quincaillerie : « Une à une, écrivait naguère Lord Dufferin, toutes nos industries naissantes sont ainsi

(1) Francis de Pressensé, *L'Irlande et l'Angleterre depuis l'acte d'union jusqu'à nos jours, 1800-1888*, p. 276. (Paris, Plon, 1889.)

(2) L. Paul-Dubois, *op. cit.*, p. 335-336.

(3) L. Paul-Dubois, *op. cit.*, p. 41.

étranglées au berceau ou livrées sans défense à la jalousie de nos rivaux anglais, jusqu'à ce qu'à la fin toutes les sources de la richesse soient absolument taries (1). » Il n'est pas jusqu'aux chemins de fer, agents de progrès économique en tout pays, qui dans la pauvre Irlande n'aient contribué, par leurs tarifs, à fermer les débouchés et à entraver le relèvement national (2).

Une source de richesse restait : la terre. C'est là surtout qu'intervint l'Angleterre par le système du *landlordisme.* Au xviiiᵉ siècle, ce système fut oppresseur ; au xixᵉ siècle, il fut dévastateur. « Les rentes exigées par les *landlords,* écrivait déjà Swift, sont *exprimées* du sang, de la chair, de la vêture et de l'habitation des paysans, qui vivent plus mal que les mendiants anglais(3) » : la décadence de l'agriculture était fatale, et sur le sol de l'Irlande, les arbres disparaissaient. Mais après les arbres, ce fut le tour des hommes ; aux alentours de **1848,** les *landlords* imaginèrent de niveler les clôtures, de jeter bas les maisons et dehors les paysans, et de mettre des bœufs et des moutons à la place des hommes, des femmes et des enfants. Ils appelaient cela « balayer » leurs domaines, ce qui équivalait, disait un témoin révolté, à tuer les pauvres tenanciers aussi effectivement que si on les fusillait d'un seul coup (4). En dix ans, 282.000 maisons de paysans furent détruites ; les meilleures terres devinrent des herbages. Il semblait qu'on appliquât la cruelle maxime émise dès la fin du xviᵉ siècle par le poète Spenser : « Pour les obstinés au cou raide (*Stiffe-necked*) qui ont l'audace de vouloir mourir libres, eh bien ! qu'ils meurent ; on fera ensuite de la colonisation officielle (5). »

<hr>

(1) L. Paul-Dubois, *op. cit.,* p. 307-308.

(2) L. Paul-Dubois, *op. cit.,* p. 313-317.

(3) L. Paul-Dubois, *op. cit.,* p. 213.

(4) Pressensé, *op. cit.,* p. 280. — L. Paul-Dubois, *op. cit.,* p. 67 et 215.

(5) Jusserand, *op. cit.,* ii, p. 395-397.

On appauvrissait l'Irlande, on la stérilisait, on la dépeuplait ; on provoquait et l'on obtenait, à la faveur de cette tenace tactique, la décadence de la race irlandaise, décadence qui se manifeste, depuis cinquante ans, dans la faiblesse anormale du taux de natalité et dans l'accroissement des maladies mentales (1).

« Prononcez le mot Irlande, disait un jour le prédicateur anglais Sydney Smith, et voici que les Anglais tournent le dos au bon sens et au sens commun pour agir avec une barbarie de tyrans et une fatuité d'idiots (2). »

Rien n'était respectable pour cette fatuité, pas même l'honneur du nom irlandais. « Jamais, non jamais, dans aucun pays vaincu, disait à la Chambre des Lords, en 1797, Lord Moira, futur vice-roi des Indes, je n'ai vu adopter un langage aussi insultant que celui qu'emploie la Grande-Bretagne à l'égard de l'Irlande (3). »

Longtemps en Angleterre les âmes les mieux nées naquirent avec le mépris du peuple voisin : c'était là un sentiment distingué, auquel les meilleurs ne se dérobaient point. On paraissait surcharger l'Irlandais d'une double dose de péché originel. Devant un glorieux catholique tel qu'O'Connell se fermaient, à Londres, les portes d'un *club* catholique anglais ; il n'était pas jusqu'aux *whigs*, auxiliaires de ses motions, qui n'évitassent cependant son contact (4). Irlandais il était, c'était son crime ; et l'on se croyait le droit de dédaigner, en lui, le fils d'une race qu'on avait, au cours des siècles, fait effort pour dégrader. Le mot *Irish*, en Angleterre, devenait synonyme de mauvais (5).

<hr>

(1) L. Paul-Dubois, *op. cit.*, p. 315-347.
(2) L. Paul-Dubois, *op. cit.* p. v.
(3) Pressensé, *op. cit.*, p. 34.
(4) L. Paul-Dubois, *op. cit.*, p. vi, n. 2
(5) L. Paul-Dubois, *op. cit.*, p. 154.

La froideur de l'opinion européenne à l'endroit des Irlandais la rendait inconsciemment complice de cet inique dédain. « Si l'oppresseur de l'Irlande était l'Autriche ou la Russie, écrivait en 1855 Emile Montégut, il n'y aurait pas assez d'invectives, assez de colère pour dénoncer l'injustice et la cruauté du tyran. Malheureusement l'oppresseur de l'Irlande, c'est l'Angleterre, l'Angleterre protestante, constitutionnelle, libérale, industrielle et marchande, le type le plus accompli des nations modernes, le modèle de la civilisation du xixe siècle. Comment les hommes de notre temps prendraient-ils parti pour l'Irlande (1) ? »

L'Angleterre connaissait l'Europe ; elle connaissait la presse de l'Europe ; placide et triomphante, elle savait que les consolations des autres peuples feraient défaut au peuple irlandais ; et par un suprême raffinement, désireuse d'abolir en Irlande le vouloir-vivre en même temps qu'elle y tarissait la vie, elle refusait aux Irlandais les consolations mêmes de l'histoire, linceul généralement respecté, où s'ensevelit la dignité des nations broyées. Cromwell avait défendu chez eux tout enseignement de leur histoire nationale ; et maintenant encore, dans les nombreuses écoles qui dépendent du *Board of National education*, l'Angleterre maintient cette mesure, par laquelle l'Irlande est comme exilée de son propre passé (2).

Le publiciste Burke dénonçait cette politique, à la fin du xviiie siècle, comme « un système consistant et cohérent, bien conçu et bien composé, comme une machine d'une adresse rare et achevée, supérieure, pour l'oppression et l'appauvrissement d'un peuple, pour l'avilissement de la nature humaine, à tout ce qu'a jamais pu concevoir l'imagination pervertie des hom-

---

(1) *Revue des Deux Mondes*, 1er juin 1855, p. 890.

(2) L. Paul-Dubois, *op. cit.*, p. 3 et 354-355.

mes » (1). La violence qui s'acharne sur un peuple recueille parfois cette triste gloire, d'en diminuer le ressort moral et d'en tarir les spontanéités créatrices. Ce genre de succès était réservé à l'Angleterre : « Les traditions mêmes de l'initiative économique, écrivait naguère Lord Dufferin, ont péri en Irlande par désuétude. » — « L'arbre n'a pas été seulement dépouillé, reprend Sir H. Plunkett, ses racines aussi ont été détruites (2). »

(1) L. Paul-Dubois, *op. cit.*, p. 35
(2) L. Paul-Dubois, *op. cit.*, p. 425-126.

L'oppression des catholiques en Irlande.

Mais une racine pourtant restait vivace : la foi catholique de la race irlandaise. C'était au pied de ses autels improvisés, c'était dans les visites clandestines de prêtres errants, que cette race misérablement opprimée entendait encore parler d'espérance et qu'elle aspirait encore à s'évader de ce découragement accablant, avilissant, qui enchaînait toutes ses énergies. Contre cette foi catholique qui demeurait le dernier trait et la dernière expression de la personnalité irlandaise, l'Angleterre des xviie et xviiie siècles fit des lois pénales dont aujourd'hui ses historiens rougissent comme d'un « sujet de honte éternelle » (1). « On trouverait, dit M. Goldwin Smith, des lois de persécution plus sanguinaires ; on n'en trouverait pas de plus insultantes pour ce qu'il y a d'élevé dans la nature humaine, ou de plus dégradantes pour la religion (2). » Évêques et réguliers étaient bannis. S'ils rentraient en Irlande, la mort était leur peine. « C'était chose ordinaire, dit Milner dans ses lettres à un prébendier, de frapper sur

(1) GREEN, *Histoire du peuple anglais*, trad. Monod, II, p. 395. (Paris, Plon.)

(2 L. PAUL-DUBOIS, *op. cit.*, p. 33.

la pierre les têtes tondues des prêtres irlandais, jusqu'à ce que la cervelle en jaillît ; à d'autres, on enfonçait des aiguilles sous les ongles, ou bien même on les leur arrachait ; beaucoup furent étendus sur le chevalet ou écrasés sous des poids énormes ; d'autres furent éventrés et contraints de soutenir leurs entrailles avec les mains ; à d'autres enfin, on déchirait la chair avec des instruments armés de pointes de fer (1). » Ainsi les autorités se montraient-elles « zélées pour la gloire de Dieu et l'avancement de la vraie religion, résolues et courageuses contre tout papisme, toute superstition et toute idolâtrie », comme les y invitaient les Évêques anglicans d'Irlande, réunis en novembre 1626 sous la présidence de l'évêque d'Armagh : car « accorder aux papistes la tolérance, concluait ce concile, ou consentir à ce qu'ils exercent librement leur religion et professent leur foi et leur doctrine, c'est un péché énorme » (2).

Le prêtre qui voulait célébrer le culte devait se faire enregistrer et prêter un serment d'abjuration. La loi contraignait tout Irlandais de dénoncer la présence illégale du curé ; le papiste qui s'y refusait encourait l'amende ou la prison ; le papiste délateur recevait vingt livres de gratification. On ne reconnaissait pas, on ignorait systématiquement, l'existence légale de sujets dénommés catholiques romains : toute fonction leur était interdite, la possession de la terre leur était refusée ; on tenait à leur enlever toute stabilité, toute sécurité ; ils ne pouvaient prendre une terre à ferme pour plus de trente ans, ni développer une maison de commerce ou d'industrie, ni laisser leur fortune à leur fils aîné ; s'ils passaient à la religion de l'Etat anglais, en un clin d'œil leur situation se transformait ; ils devenaient fonctionnaires, propriétaires, commerçants, industriels,

(1) PERRAUD, *op. cit.*, II, p. 452.

(2) PERRAUD, *op. cit.*, II, p. 456.

testateurs, en même temps que protestants (1). Mais ils avaient à supporter, à peu près seuls, les frais de l'entretien de l'Eglise protestante officielle, c'est-à-dire de l'Eglise à laquelle n'appartenait en Irlande qu'un douzième de la population ; c'était presque exclusivement sur les fermiers et cultivateurs catholiques que pesait le poids des dîmes, destinées à faire vivre les pasteurs de cette minorité ; toutes les violences étaient bonnes pour en imposer le paiement, et il suffisait d'un vote des paroissiens protestants pour que les catholiques, par surcroît, fussent contraints de contribuer à l'entretien et à la réfection des édifices du culte anglican (2).

La France hospitalière accueillait les clercs d'Irlande qui voulaient se faire prêtres ; ils trouvaient asile à Paris, Bordeaux, Toulouse, Nantes, Poitiers, Douai, Lille. Le collège Irlandais de Paris, surtout, les envoyait comme élèves à notre Sorbonne. Les spectateurs de notre vieille faculté de théologie de la Sorbonne connaissaient bien

> Ces jeunes Hibernois, complaisants disputeurs,
> Qui fuyant leur pays pour les saintes promesses,
> Venaient vivre à Paris d'arguments et de messes (3).

Mais n'en déplût au poète Rulhière, ils cherchaient parmi nous quelque chose de plus que du pain ; ils demandaient à la France une sécurité pour la préparation au sacerdoce ; et puis ils s'en retournaient, apôtres furtifs et suspects, dans cette patrie où le droit de vivre

---

(1) L. PAUL-DUBOIS, *op. cit.*, p. 32-36.

(2) Spectateur de ces exigences de l'Eglise protestante d'Irlande, l'historien protestant Macaulay la définissait en 1845, « la plus injustifiable et la plus absurde de toutes les institutions du monde civilisé ».

(3) RULHIÈRE, *Les Disputes*, cité dans Boyle, *The Irish College in Paris, 1578-1901*, p. XI.

leur était marchandé, et où des menaces de mort étaient incessamment suspendues sur leurs tonsures, en vertu d'inflexibles lois.

Ces deux siècles de pénalités atroces n'empêchèrent pas que sur 100 Irlandais 74 ou 75 continuassent d'être catholiques, et bons catholiques, d'un catholicisme tenace, ardent, dédaigneux des représailles, plus préoccupé de s'épanouir que de se venger.

Le début du XIXe siècle : commencement de l'émancipation du peuple et formation d'un clergé nouveau.

Interrogée sur le bilan de ses efforts et sur la portée de son action, l'Eglise irlandaise du xviiie siècle aurait pu répondre : J'ai vécu ; et de fait, sous le régime des lois pénales, c'était beaucoup, déjà, d'avoir vécu ; d'avoir gardé les trois quarts des Irlandais sous sa houlette perpétuellement délinquante, et de les avoir accoutumés, de père en fils, à souhaiter des sacrements qui les désignaient aux vexations de l'Etat. Les vingt dernières années du siècle inaugurèrent une période nouvelle. Dans le vaste réseau de peuples sujets sur lesquels la libérale Angleterre régnait despotiquement, il y eut alors des craquements, puis des déchirures. L'Amérique rompit les mailles, l'Irlande les distendit. L'Irlande, en 1782, profita de la Révolution américaine pour faire reconnaître par le gouvernement de Londres l'indépendance de son propre parlement. Le protestant Grattan, ouvrier de ce succès, aimait répéter que l'Irlande protestante ne serait jamais réellement libre, tant que l'Irlande catholique serait serve : ce fut là, pour les malheureux papistes, un premier message de liberté. Ils reconquirent en 1778 le droit d'être propriétaires ; en 1782, les libertés élémentaires qui manquaient à leur clergé et à leurs écoles ; en 1792, le droit d'être avocats :

en 1793, le droit d'être électeurs. En 1795, enfin le *bill* relatif à la « meilleure éducation des personnes professant la religion papiste ou catholique romaine » fut l'origine du célèbre collège de Maynooth, d'où sont sortis, depuis lors, le plus grand nombre des prêtres irlandais.

L'année 1793 donnait une voix au peuple catholique d'Irlande ; dès lors qu'il suffisait, à l'avenir, d'un revenu annuel de 50 francs pour être admis à voter, la majorité, dans les comtés d'Irlande, allait passer aux catholiques ; ils ne possédaient pas, à eux tous, un cinquième de la propriété foncière ni un vingtième de la propriété mobilière ; leur servage économique était absolu ; mais entre leurs mains le bulletin de vote, s'ils savaient à la longue en user, pouvait devenir un instrument de prépondérance politique ; et quelque offensante que fût la clause d'après laquelle aucun catholique ne pouvait être éligible, le prolétariat catholique avait désormais une façon légale de rompre un silence étouffant, et des occasions légales de protester sans relâche contre cette injurieuse restriction.

Tandis que l'octroi du droit de suffrage allait réveiller parmi le peuple la conscience nationale, le Séminaire qui trois ans plus tard s'ouvrait à Maynooth, en pleine terre d'Irlande, était la pépinière d'où s'échapperait un clergé nouveau. L'adolescence politique de ce peuple croyant avait besoin d'une tutelle et d'une impulsion. Si les nouveaux électeurs n'avaient eu d'autres guides que les anciennes générations de prêtres irlandais, leur apprentissage d'action civique eût risqué d'être médiocre. C'étaient de saintes gens que ces prêtres ; mais leur jeunesse s'était écoulée loin de l'Irlande souffrante et malheureuse, dans ces « Collèges Irlandais » qu'abolissait la Révolution française ; si vive que fût leur imagination, les misères du clergé, dont témoignait leur propre exil, leur demeuraient plus familières que celles du peuple, qu'ils ne pouvaient que deviner ; la théologie même qu'on leur avait enseignée, théologie légèrement gallicane qui mettait volontiers en relief le caractère sacré des droits du souverain, les rendait craintifs, timides, et les dissuadait d'encourager les résistances qui pouvaient dégénérer en rébellion : enfin, tout souffle de révolution leur faisait horreur, et lorsqu'ils apprenaient les atroces excès de la Terreur contre l'Eglise, ils s'attachaient de plus en plus fermement à l'école théologique qui garantissait aux rois l'absolue docilité des peuples. Mais à partir de 1796 un séminaire existait, dans lequel pénétraient au jour le jour les souffles et les échos de l'Irlande fiévreuse et gémissante ; par centaines, des fils de paysans s'y rendaient pour être prêtres ; sans cesse, il s'en trouvait parmi eux pour annoncer que leurs pères étaient expulsés par les *landlords*, ou que l'Eglise anglicane, jalouse de ses dîmes, faisait main basse sur le bétail familial ; l'Irlande, si l'on ose ainsi dire, était tout entière présente dans ce séminaire, avec ses détresses, ses aspirations et ses révoltes. Et sans doute les premières chaires y furent occupées par des prêtres émigrés de France, généralement docteurs de la Sorbonne ; ils s'appelaient M. Delahogue, de Paris ; M. Aherne, de Chartres ; M. Anglade, de Rodez ; M. Delort, de Bordeaux ; M. Darré, d'Auch (1) ; leur esprit théologique se rapprochait singulièrement de celui du vieux clergé irlandais, et peut-être considéraient-ils l'apologie des prérogatives de la royauté comme une protestation nécessaire contre la Révolution française ; mais des Irlandais se préparaient, à Maynooth même, à monter un jour dans les chaires, et leur tempérament, leur enthousiasme, tout les convierait à remplacer les thèses de la vieille Sorbonne par les thèses, tout à la fois plus « ultramontaines » et plus émancipatrices, du

______

(1) HEALY, *op. cit.*, p. 190-202, et (au sujet de leur degré de gallicanisme), p. 271-286.

cardinal Bellarmin ou du Jésuite Suarès, et à corriger
la doctrine du « droit divin des rois », qui, dans notre
France, frisa l'hérésie ou le schisme, par certaines doc-
trines plus correctes sur l'origine du pouvoir, desquelles
résulte une limitation même de ce pouvoir.

On peut dire qu'au début du XIXe siècle, deux
forces nouvelles existaient en Irlande, qui devaient,
avec le temps, jouer un rôle décisif : d'une part, une
majorité électorale catholique ; d'autre part, un clergé
de plus en plus dévoué aux aspirations nationales. A
peu près en même temps le peuple et l'Eglise s'étaient
éveillés. Alors survint, en 1800, un coup d'Etat parlementaire pour lequel l'Angleterre, suivant certains
dires, dépensa 75 millions de francs (1) : une majorité
de députés, au Parlement de Dublin, se laissèrent
convaincre ou séduire ; l'Union de l'Irlande et de l'Angleterre fut votée, « crime de la plus profonde noir-
ceur, écrit l'historien Lecky, crime qui, en imposant,
avec toutes les circonstances accessoires de l'infamie,
un nouveau gouvernement à un peuple qui n'en voulait pas et qui protestait, vicia tout le cours de l'opinion
publique en Irlande » (2). C'était pour l'Irlande une
sorte de suicide politique, et le jeune O' Connell croyait
devenir « fou lorsque les cloches de Saint-Patrick son-
naient un joyeux carillon en l'honneur de cette dégradation » (3).

Le gouvernement de Pitt se flatta de la faire accepter en persuadant aux catholiques qu'à bref délai leur
émancipation serait complétée, qu'ils pourraient être
éligibles, fonctionnaires, et les hauts prélats d'Irlande,
fort effrayés par l'insurrection irlandaise de 1798, et

(1) Pressensé, *op. cit.*, p. 69.

(2) Pressensé, *op. cit.*, p. 2.

(3) Pressensé, *op. cit.*, p. 87. « Mon sang bouillait dans mes veines,
continue O'Connell ; et je fis serment ce matin-là que le déshonneur ne durerait pas, s'il dépendait de moi d'y mettre un terme. »

accoutumés par leur vieille éducation continentale à
moins compter sur l'action civique que sur les com-
plaisances des pouvoirs établis, accueillirent avec quelque faveur cette Union, qui leur était représentée
comme la préface pacifique et la condition nécessaire
de certaines grandes réformes. « Nos évêques, écrivait
à Troy, archevêque de Dublin, O' Reilly, archevêque
d'Armagh, pourraient plus efficacement promouvoir
les grandes mesures que le gouvernement peut adopter
pour le bénéfice du pays, s'ils n'apparaissaient pas
publiquement prendre une part active aux présentes
disputes politiques (1). » A peine ces prélats avaient-
ils la notion de la vie civique ; à plus forte raison
devaient-ils trouver étrange que le clergé songeât à
s'en mêler. Leur diplomatique sourire préparait certaines combinaisons, en vertu desquelles l'Eglise d'Irlande accorderait à la monarchie anglaise un certain
droit de *veto* sur les élections épiscopales et recevrait,
en échange, quelques avantages pécuniaires.

Mais les promesses de Pitt firent faillite : elles se
heurtèrent contre l'entêtement du roi Georges III, qui
aimait mieux, disait-il, mendier son pain de porte en
porte par toute l'Europe, que de violer les promesses de
son sacre envers l'Eglise établie (2) ; et Pitt, que certains catholiques étaient tout prêts à fêter comme leur
prochain émancipateur, avait en Irlande la réputation
d'un traître, lorsqu'il mourut (3). Il y avait cependant

---

(1) HEALY, *op. cit.*, p. 114.   —

(2) PRESSENSÉ, *op. cit.*, p. 98. — Fox objectait d'ailleurs que si ce
serment du sacre avait la moindre force, la reine Anne l'avait violé
lorsqu'en sanctionnant l'union avec l'Ecosse elle y avait maintenu
l'église presbytérienne. (PRESSENSÉ, *op. cit.*, p. 105.)

(3) « Pitt n'avait pas le droit, écrit à ce sujet M. de Pressensé, de
faire concevoir aux cinq sixièmes du peuple irlandais des espé-
rances dont la déception devait porter un coup mortel à l'unité
morale des deux pays à l'heure même où, sur leur foi, l'unité légis-
lative se réalisait. Ce vice originel de la politique de Pitt a pesé

des catholiques, parmi lesquels O'Connell, qui n'éprouvaient aucune déception, n'ayant jamais eu d'illusion : cette mésaventure même accrut leur crédit ; elle révélait à l'Irlande que c'était surtout dans l'action politique des Irlandais que le catholicisme irlandais devait placer son espoir.

De ce jour, l'alliance entre l'Eglise et le peuple fut scellée, mais de ce jour aussi, c'en fut fait de ce *veto* par lequel l'Angleterre songeait à s'immiscer dans les destinées du catholicisme irlandais. Les faveurs pécuniaires que l'Etat faisait espérer au clergé avaient, dès 1799, inquiété certains évêques. « Les ennemis de la paix, écrivait alors Moylan, évêque de Cork, pourraient se prévaloir de ce projet pour nous aliéner l'esprit du pauvre peuple en lui insinuant que nous serions pensionnés par le gouvernement pour supporter ses mesures contre le peuple, et que nous ne prêterions attention qu'à nos propres intérêts, sans égards pour les misères et les détresses du peuple (1) »... Avec le temps, ces craintes gagnèrent la presque unanimité des évêques irlandais ; parmi les dix évêques qui, en 1799, sans consulter le clergé ni leurs fidèles, s'étaient montrés assez enclins à conclure avec l'Angleterre cette façon de Concordat, plusieurs, en 1808 et en 1814, se révélèrent, au contraire, comme délibérément hostiles à ce genre de pourparlers (2) ; et comme le pape Pie VII songeait à négocier, une réunion d'évêques, tenue à Dublin, l'en dissuada par un énergique langage.

« Bien que nous vénérions sincèrement le Pontife suprême comme chef visible de l'Eglise, déclarèrent les

sur l'Union depuis sa naissance, et ce n'est pas trop de dire que l'histoire des rapports des deux pays depuis le commencement du siècle a été en grande partie déterminée par cette grande duperie primitive. » (PRESSENSÉ, *op. cit.*, p. 74.)

(1) HEALY, *op. cit.*, p. 247.

(2) HEALY, *op. cit.* p., 245-256 et 263-266.

prélats, nous ne pouvons concevoir que nos appréhensions sur le salut de l'Eglise catholique romaine en Irlande puissent ou doivent être écartées par une détermination de Sa Sainteté, adoptée ou projetée, non seulement sans notre concours, mais en opposition directe avec nos résolutions répétées, et avec le mémoire très énergique présenté par nous et soutenu avec tant de compétence par Mgr Murray, notre député, qui en cette qualité était plus compétent, pour informer Sa Sainteté de l'état réel et des intérêts de l'Eglise romaine catholique en Irlande, que tout autre personnage avec lequel Sa Sainteté est dite avoir conféré (1). »

Ce n'était pas, croyons-le, pour de mesquines raisons d'amour-propre que l'Episcopat d'Irlande accentuait et soulignait ainsi sa volonté.

Deux amitiés s'offraient au clergé d'Irlande : l'amitié de l'Etat anglais ou l'amitié du peuple irlandais ; l'une plus immédiatement lucrative, l'autre plus solide et plus chaude ; il ne pouvait accepter la première sans perdre la seconde, il préféra celle-ci. Un corps épiscopal épuré par l'exercice du *veto* serait devenu suspect aux susceptibilités autonomistes ; un clergé pensionné par l'or anglais serait devenu suspect aux susceptibilités prolétariennes. C'était une première satisfaction et comme une première victoire pour le peuple irlandais, éternellement impatient d'être maître chez lui, que son Église au moins fût maîtresse chez elle. L'acceptation d'un *veto* étranger aurait porté préjudice à la popularité nationale du catholicisme ; et l'enrichissement du clergé irlandais aurait paralysé son rôle social. C'est ce que sentaient les jeunes séminaristes de Maynooth : la question du *veto* les passionnait (2) ; il leur semblait que la fécondité même de leur apostolat fût en jeu. L'esprit

(1) Healy, *op. cit.*, p. 266.

(2) Healy, *op. cit.*, p 251.

nouveau qui soufflait à Maynooth avait fini par conqué-
rir l'épiscopat irlandais, et moins de vingt ans après la
création de ce Séminaire, toute l'Eglise paraissait être
d'accord pour n'accepter aucune richesse, aucune gran-
deur, aucun éclat, qui pût détacher d'elle les sympa-
thies populaires ou la rendre plus distante à l'endroit
de ses fidèles.

IV

La lutte pour l'émancipation :
le clergé et O'Connell.

« Désirant l'abrogation de l'Union, disait O'Connell en
1813, je me réjouis de voir nos ennemis eux-mêmes
travailler à ce grand objet. Oui, ils hâtent notre inévi-
table succès par l'hostilité même qu'ils déploient
contre l'Irlande. Ils retardent les libertés des catholiques, mais, ce faisant, ils nous indemnisent largement
puisqu'ils hâtent la restauration de l'Irlande : en lais-
sant subsister une cause d'agitation, ils créent un
esprit public, ils lui donnent un corps, une forme, un
but (1). »

Ce langage était celui d'un prophète, mais d'un prophète qui devait lui-même commander aux faits ; ces
paroles étaient un prélude d'action.

C'est par des appels à l'esprit public qu'on l'amène à
prendre conscience de lui-même ; c'est en invoquant
cette force qu'on la crée. Un prêtre de trente ans, Jean
Mac Hale, prépara les voies à l'action d'O'Connell ; de
1820 à 1823, dans des *factums* successifs dont le reten-
tissement fut immense, il interpella sans relâche l'Irlande malheureuse. Il les intitulait *Lettres de Hiérophilos* ; il revendiquait l'égalité des confessions, il
attaquait l'église protestante établie, l'iniquité tradition-

____

(1) HEALY, *op. cit.* p. 125.

nelle en vertu de laquelle l'entretien de cette église était payé par les catholiques, les audaces toujours nouvelles et toujours inutiles de son prosélytisme, dont les catholiques, apparemment, devraient encore acquitter les frais (1). Il accusait le gouvernement anglais d'avoir creusé entre l'Angleterre et l'Irlande des abîmes d'incompréhension (2), et systématiquement développé l'ignorance dans le peuple irlandais (3) ; il signifiait à Canning que la bonne foi des hommes d'Etat de l'Angleterre était devenue suspecte (4). Ces lettres n'étaient pas signées ; mais elles étaient datées, crânement, du collège de Maynooth. Mac Hale enseignait dans ce collège la théologie dogmatique , et l'effet des lettres était d'autant plus pénétrant que leur auteur n'était pas un aventureux tirailleur, trompant par des besognes de presse la monotonie du bréviaire, mais un docteur érudit, un théologien rigide, un directeur d'âmes. Le livre qu'il publia en 1828 sur la doctrine catholique, et qui passa tout de suite pour un travail de prix, résumait la substance de son enseignement de Maynooth. C'est entre deux conférences sur le surnaturel, entre deux élévations sur les mystères, que Mac Hale griffonnait, d'une plume mordante, ses lettres de politique religieuse. L'archevêque protestant Magee riposta : alors survint, dans les feuilles, une autre grêle de lettres ; elle étaient signées *J. K. L.*, et leur auteur s'appelait James Doyle, évêque de Kildare et Leighlin (5). On affichait à travers le pays ces proses sacerdotales : le rôle jadis ingrat de chevalier de l'Irlande,

(1) *The Letters (1820-1834) of the Most Rev. John Mac Hale*, I, p. 173 et suiv. (Dublin, Gill, 1888.)

(2) MAC HALE, *op. cit.*, I, p. 87.

(3) MAC HALE, *op. cit.*, I, p. 191.

(4) MAC HALE, *op. cit.*, I, p. 139.

(5) FITZ PATRICK, *The life, times and correspondence of the Right Rev. Dr. Doyle*, I, p. 207-217, 273-281, 381-399. (Dublin Duffy. 1880.)

auquel s'était complu le protestant Swift, était aujour-
d'hui revendiqué par deux hommes d'Eglise ; la lecture
de leurs manifestes, le dimanche après vêpres, complé-
tait pour les paysans le sermon du curé.

« Enfin ! voilà un homme ! s'écriait O'Connell au sujet
de Mac Hale. Ajoutez *J.K.L.*, qui n'a pas moins d'éloquence ni de courage : avec leur aide à tous deux, nous
lutterons et nous vaincrons (1). »

L'année 1823 vit s'ouvrir la lutte : O'Connell fondait
l'*Association catholique* pour obtenir en faveur de ses
coreligionnaires les droits qui leur manquaient encore :
plusieurs évêques s'y inscrivaient aussitôt, et Mac Hale,
inlassable auxiliaire du tribun, allait, deux ans après,
devenir à son tour évêque auxiliaire de Killala. Le
groupement politique s'adjoignait en 1824 une immense
organisation financière, appelée la *Rente catholique* :
les souscriptions mensuelles d'un *penny* devaient
couvrir les frais de la propagande d'O'Connell.
D'un bout à l'autre de l'Irlande, chaque catholique
donna son *penny* ; le curé, dans chaque paroisse, se
chargeait de recueillir les oboles, il se faisait collecteur
de l'impôt volontaire en faveur du mouvement national,
impôt d'autant plus héroïque que régulier, que prélevaient chaque mois sur leur pauvreté l'innombrable
foule des pauvres (2). Dans la campagne qu'entrepre-
nait O'Connell, la masse des prêtres catholiques jouaient
le rôle de trésoriers et de fourriers ; l'Eglise se faisait
quêteuse non pour elle, mais pour le peuple ; et
c'était dans le peuple même qu'elle promenait son
aumônière ; elle habituait les Irlandais à comprendre les
sacrifices qu'exige une noble cause, et à les accomplir ;
grande maîtresse dans l'art de faire donner, elle demandait à l'Irlande de donner pour l'Irlande ; et tout ce

(1) HEALY, *op. cit.*, p. 356-358 et 569-570. — L. PAUL DUBOIS, *op. cit.*,
p. 466-467.

(2) PRESSENSÉ, *op. cit.*, p. 132.

qu'il y a de vertus efficaces dans ses prédications de charité se consacrait à ressusciter une nation.

L'ère de la résignation était close : Doyle, avec une brutalité voulue, le signifiait au gouvernement. « Si de Carrikfergus à Cape Clear, écrivait-il, une rébellion éclatait, aucune sentence d'excommunication ne serait jamais fulminée par un prélat catholique. » Et encore : « Les prêtres et le peuple, en un moment où la nature, au lieu de la grâce, guiderait leurs impulsions, pourraient avoir recours à la force matérielle... Les ministres de la couronne apprendront que l'esprit d'une nation, enchaîné et exaspéré, luttera ; et quand une brèche sera ouverte, il s'y engouffrera à la façon d'un torrent, comme la lave du cratère d'un volcan (1). » Les plus vieux professeurs de Maynooth, devant lesquels on lisait ces lettres de Doyle, furent comme atterrés de ces accents de défi. « Mon Dieu ! s'écriait Delahague, est-il possible qu'il prêche la Révolution ?. » « La Révolution, reprenait Anglade, c'est horrible ! » et ils s'unirent à plusieurs de leurs collègues pour affirmer, dans un manifeste solennel, le loyalisme de la maison (2) Le fantôme de la Révolution française continuait de les hanter ; il leur déplaisait de sentir remuer un peuple. Accoutumés à voir les autels catholiques s'adosser docilement à certains trônes catholiques, ils étaient presque dépaysés, lorsqu'ils voyaient, à la voix des prêtres, les foules miséreuses s'adosser à l'autel, avec des attitudes d'inflexible protestation. Mais leur manifeste, que l'on qualifia « manifeste de la Sorbonne », trouva peu d'écho parmi leurs élèves. Il était assez anodin, en soi, pour que Mac Hale lui-même crût pouvoir le signer (3)

---

(1) HEALY. *op. cit.*, p. 23. — *Revue Catholique des Eglises*, janvier 1908, p. 58-64 (lettre de Doyle sur l'Union des Eglises.)

(2) FITZ PATRICK, *op. cit.*, I, p. 350-351., HEALY, *op. cit.*, p. 360-362.

(3) HEALY, *op. cit.* p. 362. — D'ailleurs, dans les *Lettres à Hierophilos*, Mac Hale affirmait le loyalisme catholique. (MAC HALE, *op. cit.*, I, p. 91.)

et rassurer ainsi les susceptibilités anglaises : mais les clercs de Maynooth savaient que leur professeur de théologie demeurait d'accord avec Doyle, et qu'ils restaient, tous deux, fidèles au peuple.

Les réponses que fit Mac Hale, en 1826, devant la la commission d'enquête chargée d'inspecter Maynooth et d'en vérifier l'esprit, justifièrent l'indestructible confiance qu'avait mise en lui la jeune génération cléricale. Il affirma, devant les commissaires, le droit des catholiques d'Irlande à toutes les prérogatives d' « hommes libres » ; il dénonça la propagande anticatholique des sociétés bibliques, qu'il traitait hautement de « spéculations commerciales », et qui témoignaient, disait-il, « de la force de l'Angleterre, mais nullement de sa piété » ; il stigmatisa l'Église établie, la rigueur des dîmes. On lui demandait quelques explications sur les fameuses *Lettres de Hiérophilos* ; c'est en attaquant qu'il se défendait. Les commissaires, chargés de faire le procès de Maynooth, devaient entendre, sur les lèvres de ce jeune évêque, le procès de l'Angleterre. On lui demanda pourquoi il refusait au Docteur Magee, archevêque protestant de Dublin, son titre d'archevêque : « Je lui reconnais ce titre, répondit-il, avec le genre de juridiction qu'un Parlement peut conférer ; mais je ne puis le reconnaître comme successeur des Apôtres, comme héritier de leur juridiction et de leur autorité. » On l'interrogeait sur les droits de l'Eglise établie au prélèvement des dîmes ; et Mac Hale de répondre : « C'est là un droit purement légal, qui n'est fondé ni en nature ni en équité. Il n'en est pas ainsi en Angleterre, où le clergé instruit les gens et leur donne son ministère. Là, le droit aux dîmes est aussi naturel que légal. Mais en Irlande, l'Eglise établie ne fait rien pour la grande masse des Irlandais ; elle n'a donc aucun droit naturel à leur réclamer des dîmes. Son droit légal, cependant, sera reconnu et respecté, tant qu'il existera. Mais ce droit est une création de la loi ; la loi qui l'a.

donné peut le supprimer, et probablement elle le voudra. » On demandait enfin à Mac Hale : « Pensez-vous qu'un jour viendra où l'Eglise d'Angleterre sera dispersée comme le furent les ouvriers de la Tour de Babel ? — Oui, répliqua-t-il, l'omnipotence du parlement le peut ; le mot est de Blackstone. — Ce passage n'exprime-t-il pas, aussi, un pronostic de votre part, d'après lequel le parlement exercera ce pouvoir ? — Sans doute. — Mais regardez-vous l'Eglise de Rome comme une institution éternelle ? — Oui, comme aussi éternelle que les siècles (1). »

Ainsi s'entremêlaient, dans l'interrogatoire de l'évêque Mac Hale, l'affirmation des ambitions catholiques et l'affirmation des droits populaires : il proclamait, d'une même haleine, l'absolutisme de la vérité religieuse et le relativisme des institutions humaines.

Le caractère religieux et le caractère national du mouvement étaient unis étroitement : entre deux tournées de discours, un homme politique comme O'Connell trouvait le temps, en 1827, d'assister à la mémorable discussion théologique qui mit aux prises, six jours durant, le curé Maguire, tout frais émoulu de Maynooth, et un missionnaire des sociétés bibliques; des professeurs de Maynooth étaient là, prêts à venir à la rescousse de leur disciple, s'il fléchissait, mais le petit curé savait discuter, et cette semaine de tournoi, dont il sortait vainqueur (2), apparaissait comme une double victoire de l'orthodoxie sur l'hérésie, et d'Erin sur Albion. Les succès confessionnels devenaient des succès politiques ; et les succès s'inséraient comme des épisodes dans la longue litanie des prières.

Les élections de 1826 au Parlement furent un triomphe du peuple et des prêtres ; elles signifiaient nettement au gouvernement de Londres d'avoir à émanci-

(1) HEALY, *op. cit.*, p. 383-387.
(2) HEALY, *op. cit.*, p. 625-627.

per les catholiques. On savait l'hostilité du roi, celle du duc d'York, celle de la cité même de Londres (1) ; on savait l'amusant stratagème de certaines pairesses qui mettaient leurs maris sous clef pour les empêcher d'aller au Parlement voter l'émancipation. Il fallait que tous ces obstacles fussent brisés : dans la journée du 13 janvier 1828, toutes les églises et toutes les chapelles d'Irlande s'ouvrirent pour des *meetings*, qui adressaient à l'Angleterre de suprêmes sommations (2). On trouvait à Londres qu'en vérité les Irlandais faisaient trop de bruit : la *Quarterly Review* s'emportait contre Maynooth ; elle accusait les clercs qui s'y formaient de n'appartenir point à des familles respectables (3). C'est qu'en effet ils étaient peuple dès leur berceau, et peuple dans leurs chaires, et peuple encore, lorsqu'ils soulevaient leurs ostensoirs ; ils avaient le geste populaire qui fascine l'âme populaire ; et leurs autels devenaient autant de tribunes, où s'affirmait, d'un bout à l'autre de l'Irlande, avec une menaçante impétuosité, le droit des catholiques à être éligibles, à devenir, de parias, membres du Parlement.

Londres tardait encore : alors, malgré la loi, on résolut de faire d'O'Connell un député. Un nouveau ministre, Fitzgerald, devait, suivant la coutume, se représenter devant ses électeurs du Comté de Clares : O'Connell, inéligible, fut candidat contre lui. Six jours durant, les sermons des prêtres et les clameurs des paysans remplirent la ville et les faubourgs d'Ennis. Des soldats arrivèrent, pour en finir avec ce bruit. Mais les prêtres seuls avaient le don de faire régner le silence. On vit dix mille hommes s'agenouiller, prier à voix basse pour l'âme de l'un des leurs, qui s'était laissé acheter par Fitzgerald et qui avait été frappé de mort

(1) PRESSENSÉ, *op. cit.*, p. 135-136.
(2) PRESSENSÉ, *op. cit.*, p. 144.
(3) HEALY, *op. cit.*, p. 366.

subite ; dix mille têtes s'humiliaient, courbées par la piété, courbées par l'émotion ; dix mille lèvres réclamaient grâce pour l'infortuné, qui avait péché contre l'Irlande et contre Dieu. O'Connell était bien l'élu de Dieu : il fut ce jour-là l'élu de l'Irlande, par 2.054 voix contre 1.075. (1) Après avoir inutilement cogné contre les portes closes du Parlement de Londres, le peuple irlandais faisait effraction. Un an plus tard, l'émancipation des catholiques devenait légale ; et ce fut une grande liesse au séminaire de Maynooth, parmi les jeunes prêtres pour qui venger l'Irlande était une façon de venger Dieu.

(1) Pressensé, *op. cit.*, p. 146-147.

V

Les périls de l'émancipation : Dissensions de l'épiscopat.

L'émancipation des catholiques obtenue en 1829 par les efforts combinés d'O'Connell et du clergé, abolissait les deux incapacités dégradantes que l'époque des Lois pénales avait léguées au XIXᵉ siècle ; elle rendait les Irlandais catholiques éligibles au Parlement de Londres et leur ouvrait, en Irlande même, l'accès des fonctions publiques. Mais ces innovations, tout bien considéré, étaient pour eux un honneur plutôt qu'un profit, et Mac Hale pouvait écrire quelque temps après : « L'émancipation n'a rapporté que peu de bénéfices à la grande masse du peuple (1). »

Quelques catholiques allaient devenir enfin députés ; mais l'Angleterre mettait à très haut prix cette concession, en stipulant, en retour, que le droit de vote serait désormais subordonné à des conditions de cens beaucoup plus onéreuses (2) ; du coup, sur 200.000 Irlandais qui jusque-là étaient électeurs, 174.000 environ, c'est-à-dire les sept huitièmes, furent rayés des listes. On ne disait plus à Westminster : Silence aux catholiques d'Irlande ! mais on disait : Silence aux pauvres d'Irlande ! « Un protestant pauvre, écrivait quelques années plus tôt l'évêque Doyle, obtient justice en Irlande ;

____

(1) Mac Hale, *op. cit.,* I, p. 422.

(2) Dès 1825, dans sa dixième lettre sur l'état de l'Irlande, l'évêque Doyle avait, à l'avance, protesté vigoureusement contre cette mutilation éventuelle du droit de suffrage. (Fitz Patrick, *op. cit.,* I, p. 389-390.)

ce n'est pas seulement la loi qui le protège, ce sont aussi les passions; mais il n'y a pas de loi pour le catholique (1). » L'inégalité s'accentuait encore, du jour où le prolétariat catholique, qui avait conduit O'Connell à la victoire, était, en retour même de cette victoire, condamné au mutisme politique.

Quelques catholiques, aussi, pouvaient aspirer, enfin, à devenir fonctionnaires; mais cette conquête avait une rançon. Car ce serait l'Etat anglais qui distribuerait les fonctions, et désormais en Irlande l'Etat anglais posséderait ses courtisans, qu'il rémunérerait par des places. Adieu les temps héroïques où l'unanimité des Irlandais étaient des parias ! La mesure même par laquelle l'Angleterre avait aboli un ostracisme mettait entre les mains d'un gouvernement habile de redoutables moyens de séduction. Ce qui pouvait sortir de la victoire de l'Irlande, ce n'était rien de moins que la division des catholiques d'Irlande : cette superbe armée d'électeurs qui déjà venait de perdre pour de longues années la plus grosse partie de son contingent, était menacée, aussi, dans son homogénéité, menacée dans son unité. Que pesaient, en présence de ce péril, les sourires prodigués aux catholiques entre 1836 et 1840, par le gouvernement de Lord Melbourne et du vice-roi Drummond (2) ? O'Connell avait pu se complaire à les accueillir, se complaire à y répondre; mais un remaniement ministériel survenait; et, de quelques années fécondes en promesses, il ne subsistait d'autres résultats que la présence de quelques catholiques dans certains postes. C'était, peut-être, une satisfaction d'amour-propre, mais c'étaient aussi, pour la cause nationale, des forces perdues. La poignée de « papistes » irlandais dont l'Angleterre consentait à faire la fortune était à

____

(1) FITZ-PATRICK, *op. cit.*, I, p. 382.

(2) PRESSENSÉ, *op. cit.*, p. 220 et suiv.

jamais détachée du peuple d'Irlande ; et quoi qu'ils voulussent, l'acceptation des faveurs anglaises inclinait lentement leurs âmes vers une sorte d'émigration.

La loi scolaire que l'année 1831 avait mise en vigueur s'essayait à rassembler, sous le toit des mêmes écoles, les petits catholiques et les petits protestants, et stipulait qu'à l'avenir l'enseignement religieux ne serait donné qu'en dehors des heures de classe (1) ; et tout de suite, dans l'épiscopat irlandais, cette loi donnait lieu à des dissensions graves. Murray, archevêque de Dublin, acceptait cette législation nouvelle et consentait même à faire partie du conseil d'éducation nationale (2) ; et d'autres prélats, au contraire, se rappelaient avec émoi ces paroles menaçantes d'Edmond Burke : « Si vous consentez à mettre l'éducation de vos clercs, ou toute autre partie de votre éducation, sous la direction ou sous le contrôle des Anglais, alors vous aurez vendu votre religion pour leur argent. (3) » Mac Hale, en particulier, s'insurgeait énergiquement contre une organisation scolaire qui lui semblait mettre en péril l'intégrité de la vieille foi.

Il avait suffi de certaines politesses du gouvernement anglais — politesses parfois chèrement achetées — pour ressusciter, dans certaines hautes sphères ecclésiastiques, l'esprit des vieux prélats d'Irlande, auxquels toute agitation déplaisait (4). Murray, dans sa jeunesse, avait été l'élève du collège irlandais de Salamanque : il était naturel qu'entre lui et Mac Hale, élève et professeur de Maynooth, un heurt se produisît.

—

(1) L. Paul-Dubois, *op. cit.*, p. 352-353.

(2) Healy, *op. cit.*, p. 393-395. Finalement la Propagande, en 1841, donna à peu près raison à Murray, en décidant que l'application de ce régime scolaire pouvait être tolérée, mais devait être surveillée.

(3) Healy, *op, cit.*, p. 101.

(4) Sur la différence qui séparait, à cette date, ce que l'on pourrait appeler les deux générations d'évêques, voir Fitz Patrick, *op., cit.*, I, p. 505-506.

Le rôle de l'évêque Mac Hale.

C'est dans la personnalité de Mac Hale que continuaient de s'incarner, durant la période qui suivit l'émancipation, l'esprit national des prêtres irlandais et leur souci du relèvement populaire. Dans une lettre au comte Grey, en mars 1834, il revendiquait fièrement pour le sacerdoce le droit de condamner la violence et le parjure, d'expliquer aux électeurs ce qu'est le bien et ce qu'est le mal, et de provoquer auprès des pouvoirs publics les pétitionnements de la foule (1). Les victoires politiques de 1829 n'étaient pas de nature á satisfaire cet Irlandais passionné : il n'était pas homme à se laisser endormir par l'odeur capiteuse des premiers lauriers. Vivant au milieu d'un très pauvre diocèse, parmi des gens qui tous souffraient, Mac Hale, lui, était bien décidé à refuser à l'Etat les sourires de l'Eglise, tant qu'il verrait le protestantisme prélever la dîme et les *Landlords* affamer leurs fermiers. Dans ces duos encore timides qui s'échangeaient galamment entre l'Etat et certains membres du clergé, la voix de Mac Hale intervenait, pour redire à ces deux interlocuteurs que la question irlandaise, en tant qu'elle était une question sociale, gardait toute son âpreté, et que ce n'était pas en l'oubliant qu'on la résoudrait. Et puisque les petites gens ne pouvaient plus aller aux urnes, l'Evêque Mac Hale se dressait en leur nom, mettant

(1) Mac Hale, *op.. cit.*, 1, p. 512-513.

au service de leurs revendications sociales la même
ardeur d'éloquence avec laquelle, dix ans plutôt, il avait
plaidé pour l' « émancipation ». Le *landlord*, n'ayant
plus à craindre le bulletin de vote du pauvre paysan,
inclinait à moins de ménagements que jamais ; la
demunitio capitis politique dont le prolétariat venait
d'être frappé par la loi électorale de 1829 risquait d'ag-
graver sa déchéance économique.

De 1830 à 1833, dans un certain nombre de lettres
au premier ministre Lord Grey, l'évêque Mac Hale
éleva la voix ; il dénonçait le régime usuraire établi
par les *landlords* (1), l'état d'existence précaire des
paysans, pire que celui des nègres sous le joug des
planteurs (2), l'indifférence du gouvernement pour la
vie industrielle de l'Irlande (3) ; il réclamait la sépara-
tion entre l'Etat et l'Eglise protestante établie, et
s'emportait contre la « bigoterie religieuse » de l'angli-
canisme, « source amère et profonde de quelques-uns
des pires maux de l'Irlande (4) ». « Si le peuple d'Irlande, écrivait-il, jugeait l'Eglise établie par la façon
dont elle le traite, il conclurait que ce n'est pas seulement un morceau des écrits de saint Jacques, mais tout
précepte de miséricorde, qui fut expulsé des Livres
Saints par les premiers réformateurs (5). »

Et l'ardent polémiste s'attendrissait sur le « blé d'or
que l'on coupait et que l'on enlevait pour subvenir
aux luxueux gaspillages du *landlord* absent, pour faire
vivre les prélats seigneuriaux de l'Eglise établie, qui
n'avait pas de brebis, et pour maintenir des églises pro-
testantes, là où il n'y avait pas de fidèles ». Pendant

---

(1) MAC HALE, *op. cit.*, I, p. 278-281, et cf. p. 102.

(2) MAC HALE, *op. cit.*, I, 275.

(3) MAC HALE, *op. cit.*, I, p. 295.

(4) MAC HALE, *op. cit.*, I, p. 448, et cf. p. 111.

(5) MAC HALE, *op. cit.*, I, p. 501.

que le peuple pleurait sur ce blé qu'on lui volait, était-ce l'heure pour le clergé catholique de songer à des traitements de l'Etat? A cette seule pensée, Mac Hale s'indignait : « au nom du roi, au nom de la religion et de l'ordre social », il répudiait à l'avance ces démoralisantes générosités. « Les Anglais, disait-il, voudraient bien payer les curés, mais ils ne voudraient pas bâtir les lieux de culte pour abriter le troupeau de l'impitoyable orage. Qu'on abolisse les dîmes, qu'on pourvoie au sort des pauvres. Quant à nous prêtres, nous gardons en mémoire la destinée du Syrien Naaman : les fléaux lui survinrent avec la richesse (1). »

C'étaient de belles pièces d'éloquence que les lettres de l'évêque Mac Hale. Celte impénitent, il écrivait un excellent anglais : il s'était imprégné de Burke, de Gibbon, et possédait une riche culture classique. Sa mémoire érudite rendait une vie à tout le passé de sa race ; et lorsqu'il voyageait hors d'Irlande, c'était encore l'Irlande qu'il cherchait. Car il pélerinait, alors, à travers le continent, pour retrouver les bourgades où dans les premiers siècles des missionnaires irlandais étaient passés, et les autels auxquels s'attachait leur souvenir, et les liturgies qui fêtaient leur gloire. Cette race irlandaise que la « garnison » anglaise avait d'abord murée dans son île, et puis expropriée, pouce par pouce, de ce sol insulaire lui-même, avait donc, au temps jadis, rayonné sur l'Europe : qu'ils étaient beaux, les pieds de ces missionnaires qui s'en allaient en Flandre, en Artois, en Franche-Comté, en Franconie, en Italie, porter l'Evangile du Christ, et grâce auxquels « le christianisme celtique, plutôt que le christianisme latin, parut appelé, pendant un siècle ou deux, à modeler le destin des églises de l'Occident (2) » ! Mac Hale

(1) HEALY, *op. cit.*, p. 387-388.

(2) L. PAUL-DUBOIS, *op. cit.*, I, p. 12 : cette réflexion est de l'historien Green.

s'exaltait à suivre leurs pas (1) ; et puis, rentrant dans son île, il s'acharnait à retrouver, pour les faire revivre et resplendir en face de l'occupant saxon, les originalités indigènes de la vieille Erin. L'ancienne langue gaélique, tout imprégnée de mysticisme et de spiritualité, toute faite pour prier Dieu, rentra, grâce à l'évêque Mac Hale, dans l'usage religieux : le catéchisme, les litanies, le *Stabat Mater*, le *Dies Irae* furent, par ses soins, traduits en gaélique ; et c'est en gaélique que, bien timidement encore, on recommença de connaître Dieu et qu'on recommença de l'invoquer.

Bien qu'au xviie siècle les œuvres historiques et poétiques du prêtre Geoffroy Keating eussent donné la preuve éclatante que le gaélisme pouvait être une langue littéraire, d'aucuns en Angleterre persistaient à n'y voir qu'un patois : alors Mac Hale, pour les réfuter, habillait en rimes gaéliques les mélodies de Moore et quelques chants de l'Iliade ; Moore s'enthousiasmait de cette toilette imprévue ; et la vieille langue trop longtemps méprisée, enfin fêtée par les oreilles délicates, enfin sanctifiée par les prières populaires, reprenait droit de cité dans le royaume des lettres, comme dans le royaume de Dieu (2).

(1) Voir en particulier Mac Hale, *op. cit.*, I, p. 345-347, sur saint Colomban à Bobbio, et p. 347-349, sur saint Donat à Fiesole. Sur la trace laissée en France par les saints Colomban, Desle, Fursy et autres missionnaires irlandais, on peut lire le livre récent de Mme Margaret Stokes : *Three months in the forests of France, a pilgrimage in search of vestiges of the Irish saints in France.* (Londres, Bell, 1895.) — Il convient d'observer que la propagande catholique aux Etats-Unis fut surtout, au xixe siècle, l'œuvre des Irlandais, et qu'ainsi, dans leur émigration même, se réveilla, au profit du Nouveau Monde, cet esprit d'apostolat qui, douze siècles plus tôt, les promenait à travers l'Ancien Monde ; c'est ce que rappela, non sans orgueil, l'épiscopat irlandais, dans une lettre qu'il adressa au cardinal Gibbons à l'occasion du centenaire de l'émancipation américaine (Bellesheim, *Geschichte der Katholischen Kirche in Irland*, III, p. 680.)

(2) HEALY, *op. cit.*, p. 570-571.

VII

Le clergé et la jeune Irlande.

Occupant depuis 1834 le siège archiépiscopal de Tuam, sur lequel il devait, quarante-sept ans plus tard, mourir nonagénaire, Mac Hale était une puissance en Irlande : il tenait les énergies en haleine. Lorsque O'Connell, déçu par la chute du gouvernement de Lord Melbourne, et poussé d'ailleurs par les exigences du parti de la *Jeune Irlande,* renouvela contre l'Union de l'Angleterre et de l'Irlande les agitations d'autrefois, il retrouva, pour l'aider, la majorité des prêtres d'Irlande. Dans les années qui suivirent 1840, ils apportèrent à la « Ligue » pour le rappel de l'Union (*Repell League*) le même concours que vingt ans plus tôt ils avaient prêté à l'*Association Catholique* (1). Les immenses meetings de Kells, de Mullingar, de Trim, de Tara, qui dans l'année 1843 secouèrent le peuple irlandais, étaient organisés par O'Connell et par un ancien élève de Maynooth, Cantwell, évêque de Meath.

« Nous abhorrons l'idée même du démembrement de l'empire britannique, mais nous voulons effacer le stigmate dégradant de notre infériorité, et, par le *self-government,* relever l'Irlande au rang d'une nation

(1) PRESSENSÉ, *op. cit.,* p. 235-236.

digne et prospère. » Ainsi parlait l'évêque Cantwell sur les plates-formes improvisées où il coudoyait O'Connell (1) ; ainsi traduisait-il à l'Etat anglais, auditeur lointain mais attentif, la tenace volonté des milliers d'Irlandais auxquels les écrits de l'évêque Mac Hale avaient enseigné, depuis près d'un quart de siècle, la fierté religieuse et l'orgueil national. Dans la personne de Cantwell, l'Eglise d'Irlande couvrait de son ombre et soutenait de son élan les suprêmes luttes d'O'Connell contre l'esclavage irlandais.

Tout en même temps, par sa vaillante campagne contre l'alcoolisme, le père Théobald Mathew habituait les esclaves à devenir maîtres d'eux-mêmes (2) ; c'était, pour l'Irlande, une sorte de purification morale ; les énergies, jadis déprimées par l'alcool, ressuscitaient au service du libérateur ; et l'apprentissage de la tempérance, sorte de *self-government* individuel, était un acheminement vers le *self-government* national. Soudainement, la journée du 8 octobre 1843, où l'immense meeting de Clontarf fut prohibé par l'Etat anglais (3), marqua la retraite et l'effacement définitif d'O'Connell : acculé à cette alternative de cesser l'agitation ou de sortir de la légalité, il préféra laisser à de plus jeunes cette audacieuse responsabilité.

Ces plus jeunes se qualifiaient eux-mêmes parti de la *Jeune Irlande* : ils rédigeaient un brillant journal, la *Nation*, organe éducateur de l'opinion publique (4) ; dans leur politique il y avait je ne sais quel lyrisme exaltant pour les âmes, et, tout en même temps, un radicalisme réaliste. Parmi les clercs de Maynooth, quelques-uns se laissèrent attirer vers ce parti nouveau ; on entendit l'un d'entre eux, le P. Kenyon, déclarer

---

(1) HEALY, *op. cit.*, p. 556-557.
(2) HEALY, *op. cit.*, p. 627.
(3) PRESSENSÉ, *op. cit.*, p. 238-239.
(4) PRESSENSÉ, *op. cit.*, p. 232 et suiv.

qu'O'Connell n'était qu' « un grand homme manqué » (1).
On put croire, un instant, que le prêtre Patrick
Murray, qui devait être, bientôt, le plus grand théologien de l'Irlande (2), aurait une carrière de polémiste
national : en 1844, il écrivit une lettre retentissante
contre la pratique du *Jury Packing*, en vertu de laquelle les nationalistes et les catholiques étaient systématiquement récusés lors du tirage au sort des jurys(3) ;
et le parti de la *Jeune Irlande* semblait exercer quelque
attraction sur sa bonne volonté (4).

Mais c'était un mouvement laïque que ce mouvement
de la *Jeune Irlande ;* et sous l'atroce impression de la
grande famine de 1847, ce mouvement laïque devint
bientôt révolutionnaire ; la *Jeune Irlande,* pour qui la
fin justifiait souvent les moyens, se souciait peu d'être
gênée, dans les ardeurs de la lutte, par les susceptibilités morales de l'Eglise ; et l'Eglise, de son côté, fut
promptement rebutée par certaines prédications d'é-
meute. Elle aurait pu s'entendre avec un O'Brien ou
bien avec un Davis ; mais avec un John Mitchell, qui
affichait sans scrupules son tempérament de Monta-
gnard, aucun pacte n'était possible (5). Les prêtres qui
se mêlèrent aux insurrections de 1848, et qui pour la
plupart étaient des moines (6), ne furent, malgré leur
nombre, que des personnalités isolées qui ne représen-
taient pas l'Eglise. C'était l'époque où l'archevêque
Murray, de Dublin, ne pouvait se défendre de trouver

(1) Cf. HEALY, *op. cit.,* p. 457, n. 1.

(2) HEALY, *op. cit.,* page 589-593.

(3) Voir sur cette pratique, L. PAUL-DUBOIS, *op. cit.,* p. 202-208.

(4) HEALY, *op. cit.,* p. 487 et 592.

(5) C'est ce que signifiait John Mitchell lorsqu'il disait, faisant allu-
sion à l'opposition de l'Eglise : « Les Irlandais depuis longtemps
seraient libres, n'étaient leurs diablesses d'âmes. » (L. PAUL-DUBOIS,
op. cit., p. 480.)

(6) L. PAUL-DUBOIS, *op. cit.,* page 480 n° 2.

« gracieuse » Sa Majesté la Reine, parce qu'elle triplait la subvention officielle du Séminaire de Maynooth (1) ; c'était l'époque où l'institution par l'Etat anglais de trois collèges non confessionnels d'enseignement supérieur *(Queen's colleges)* apparaissait à cet archevêque comme une nouveauté tolérable, digne au moins d'être essayée. Mac Hale (2), sans doute, se dressait devant lui, portait l'affaire à Rome, et faisait condamner par le Concile de Thurles, de 1851, l'institution des *Queen's colleges* : l'épiscopat irlandais, malgré les sourires de l'Angleterre, persistait dans son intransigeance confessionnelle. Mais par cette intransigeance il s'opposait au parti de la *Jeune Irlande*, qui avait rêvé, lui aussi, d'introduire un système d'éducation dans lequel les divergences religieuses disparaîtraient : si bien qu'il y avait antagonisme, sur le terrain religieux, entre l'Eglise d'Irlande et la seule organisation politique qui, pour l'instant, représentait le nationalisme irlandais. O'Connell mourant à Gênes, en 1847, avait exigé que son cœur fût enseveli à Rome : il put sembler, un instant, que cette dernière volonté d'O'Connell avait été le dernier acte de dévotion du nationalisme irlandais à l'endroit de l'Eglise...

Et puis, à la *Jeune Irlande* vaincue, le *fénianisme* succéda : de 1858 à 1868, l'histoire irlandaise fut pleine de complots, d'attentats, d'assassinats. Les excès de la *Jeune Irlande* et les crimes du *fénianisme* (3) faisaient la partie belle au cardinal Cullen, archevêque d'Armagh et puis de Dublin : il se tourna vers l'Angleterre qui représentait l'ordre, et ne permit à ses prêtres d'intervenir, aux élections, qu'en faveur des candidats gouvernementaux (4). Mac Hale, tout d'abord, essaya de

---

(1) Voir sur la question, HEALY, *op. cit.*, p. 412-420.
(2) Voir sur la question, HEALY, *op. cit.*, p. 447-453 et 458-461.
(3) PRESSENSÉ, *op. cit.*, p. 285 et suiv., et L. PAUL-DUBOIS, *op. cit.*, p. 68-71.
(4) L. PAUL-DUBOIS, *op. cit.*, p. 46

sceller à nouveau l'alliance entre l'Eglise et l'esprit national, en secondant la fondation de la *Ligue des tenanciers irlandais*, qui pour la première fois détaillait les revendications agraires de l'Irlande ; mais cette ligue ne vécut pas. Et l'évêque Mac Hale laissa s'écouler ces tristes années en publiant, de temps à autre, la traduction gaélique d'un chant d'Homère : rendre l'Irlandais toujours plus fier de sa vieille langue, n'était-ce pas, de loin, préparer un relèvement ? Le prêtre James Casey, continuant à sa façon la campagne du P. Mathew, prêchait la tempérance en beaux vers gaéliques (1) : il visait ainsi, parmi toutes les déchéances irlandaises, la déchéance par l'alcool, la seule contre laquelle les circonstances permissent au clergé de lutter.

(1) HEALY, *op. cit.*, p. 630.

VIII

Le Clergé et le Parnellisme : la tolérance
des catholiques Irlandais.

Ce ne fut qu'après trente ans d'effacement que le clergé redescendit dans la mêlée politique, derrière Charles Parnell. L'Eglise établie d'Irlande avait été « désétablie » en 1869, par une loi de M. Gladstone (1) : la formidable puissance fiscale qui durant des siècles avait, si l'on ose ainsi dire, vécu sur la sueur des paysans, cessait désormais de les accabler ; « source de souffrances pour l'Irlande et de déshonneur pour l'Angleterre (2), » elle disparaissait. Mais le *landlordisme* subsistait, et les années qui suivirent 1880 furent marquées par une terrible crise agraire. La *National League* que forma Parnell pour arracher au Parlement les réformes urgentes fut soutenue par presque tout le clergé, comme l'avaient été en 1823 l'*Association catholique* d'O'Connell et, en 1843, la *Ligue pour le Rappel*. La loi électorale que fit voter M. Gladstone en 1884 ressuscitait à la vie politique ces masses paysannes qui depuis 1829 avaient perdu le droit électoral : de nouveau tout le peuple catholique allait aux urnes, clientèle électorale de Parnell ; et Mgr Croke, évêque de Cashel, élève du collège irlandais de Paris, jouait auprès du protestant Parnell le rôle de Mac Hale auprès du catholique O'Connell (3).

(1) Pressensé, *op. cit.*, p. 299 et suiv.
(2) Ces mots sont de Gladstone. (Pressensé, *op. cit.*, p. 313.)
(3) L. Paul-Dubois, *op. cit.*, p. 470.

L'immixtion du clergé fut heureuse pour le parnellisme : elle prévint certaines brutalités, conjura certaines tentations de violence : il suffisait qu'un curé, témoin de certains abus commis par des Irlandais, écrivît aux chefs de la *Ligue Nationale* à Dublin, pour qu'aussitôt on vînt à résipiscence (1). Vraisemblablement, si le parnellisme eût dégénéré en un mouvement de *fenians,* les lois de 1885, 1896, 1903 sur le rachat agraire, qui laissent au paysan d'Irlande quelque espoir de s'évader de sa misère (2), n'existeraient point ; et le clergé, seul, arrêta le parnellisme sur la pente révolutionaire. Rome fit comprendre aux prêtres d'Irlande, à plusieurs reprises, que le cran d'arrêt, même, lui paraissait trop faible et trop tardivement posé : elle interdit au clergé, en 1883, de participer aux souscriptions populaires destinées à offrir à Parnell un témoignage de reconnaissance ; elle condamna, en 1888, la pratique du *plan de campagne* et celle du *boycottage* (3). Les polémiques confessionnelles tirèrent argument de ces actes : des écrits parurent, expliquant aux catholiques d'Irlande que le Saint-Siège était leur ennemi : l'on remontait jusqu'au moyen âge pour y déterrer deux bulles, signées d'Adrien IV et d'Alexandre III, et donnant aux rois d'Angleterre toute suprématie sur l'Irlande (4). Les bulles,

(1) L. PAUL-DUBOIS, *op. cit.*, p. 129.

(2) Les pages de L. PAUL-DUBOIS, *op. cit.*, p. 211-263, sont le meilleur exposé qu'on puisse lire de la question.

(3) Chacun sait que le *boycottage* était une sorte de quarantaine par laquelle l'Irlandais jugé coupable envers la cause nationale était traité comme une façon de lépreux et rigoureusement exclu de tout ordre de relations humaines. Quant au *plan de campagne,* c'était une combinaison en vertu de laquelle ce que le fermier pouvait payer de rente était confié à un comité de résistance et n'était remis ensuite au landlord que si l'agent du comité obtenait satisfaction pour les exigences des fermiers.

(4) JAMES G. MAGUIRE, *Ireland and the Pope, a brief history of papal intrigues against Irish liberty from Adrian IV to Leo XIII.* San Francisco, Barry, 1888.

d'ailleurs, étaient apocryphes (1) ; mais si décisive que pût être la riposte, les prêtres d'Irlande n'avaient pas besoin d'y recourir. Le peuple les voyait à l'œuvre : prêtres catholiques romains, ils lui donnaient confiance dans l'Eglise catholique romaine ; leur zèle même était garant que les remontrances de Rome ne seraient jamais interprétées comme des conseils de torpeur, et lorsque survint le scandale privé qui mit un terme à l'influence politique de Parnell, ce fut le clergé, souverain des âmes et souverain des votes, qui conduisit à la victoire les nationalistes antiparnellistes.

On peut dire, sans exagération, qu'entre 1880 et 1895 une sorte de fièvre politique souleva le clergé d'Irlande : elle s'attisait dans la turbulence des *meetings*, s'exaltait en invectives, en menaces, en prophéties apocalyptiques. Mais on se tromperait gravement si l'on croyait surprendre, derrière ces poussées de fièvre, un soubresaut d'intolérance contre l'autre confession chrétienne. Tout autres sont les traditions du catholicisme irlandais.

Alors que, sous Elisabeth, l'évêque catholique Hurley avait été mis à la torture, avec les pieds à rôtir sur le feu, avant d'être envoyé à la potence (2), on vit les chefs catholiques de la rébellion irlandaise de 1641, victorieuse un instant, honorer l'évêque protestant Bedell, protéger son ministère, et lui faire à sa mort de magnifiques funérailles, avec garde d'honneur, avec salves de coup de canon, avec ce cri poussé par le peuple : « *Requiescat in pace, Ultimus Anglorum !* » (3) Un peu plus tard, l'un des premiers soins du Parlement catholique irlandais qui s'essaya, en 1689, à faire prévaloir les droits de Jacques II sur les tentatives de

---

(1) C'est ce que prouve BELLESHEIM, *Geschichte der katholischen Kirche in Irland,* I, p. 367-378. (Mayence, Kirchheim, 1891.)

(2) L. PAUL-DUBOIS, *op. cit.,* p. 21.

(3) L. PAUL-DUBOIS, *op. cit.,* p. 28.

Guillaume III, fut de proclamer la liberté des consciences (1) ; et le triomphe de l'orangisme, au contraire, fut suivi d'une autre proclamation, celle des premières lois pénales.

De génération en génération, le contraste entre l'intolérance anglaise et la tolérance irlandaise persista, et ce contraste même, de 1792 à 1798, fit la faiblesse du mouvement révolutionnaire irlandais, auquel l'Ulster presbytérien et radical, retenu par certains préjugés anticatholiques, refusa de s'associer jusqu'au bout (2). « J'ai vu bien des exemples de fanatisme, disait en 1886 lord Spencer, ancien vice-roi d'Irlande, bien des exemples d'intolérance religieuse. Mais, je dois le dire, l'intolérance et le fanatisme étaient du côté, non de la majorité catholique, mais de la minorité protestante. » Sir Horace Plunkett témoignait récemment, à son tour, qu'il n'y a pas désavantage à être protestant dans la vie politique en Irlande, et que, quand les catholiques font de l'opposition à un protestant, c'est presque invariablement pour des motifs politiques, agraires ou sociaux, mais non religieux (3). De fait, dès le XVIIIe siècle, les résistances obstinées du catholicisme irlandais contre toute tentative d'infiltration protestante n'affectaient aucun accent de provocation contre les protestants d'Irlande fidèles à la cause nationale, contre les Swift, les Berkeley, les Grattan ; et tout le long du XIXe siècle, lorsque le catholicisme irlandais, grâce à la création d'un parti populaire, fut représenté dans la vie publique, il accueillit dans ce parti les protestants qui voulaient bien en accepter le programme. Son antagonisme avec le protestantisme anglais était beaucoup moins confessionnel que national. A l'heure actuelle, il y a toujours deux Irlandes : en haut, « la colonie » anglaise, la *gar-*

(1) L. PAUL-DUBOIS, *op. cit.*, p. 30.

(2) L. PAUL-DUBOIS, *op. cit.*, p. 92-93.

(3) L. PAUL-DUBOIS, *op. cit.*, p. 417, n. 1.

nison anglaise, protestante dans l'ensemble, qui défend pied à pied ses privilèges et ses positions ; en bas, le vieux peuple irlandais, catholique dans l'ensemble ; mais tandis que la « colonie », qui sur 174 pairs en compte 14 catholiques, n'admet pas qu'un seul des 28 pairs qu'elle envoie dans la Chambre des Lords soit pris parmi ces catholiques (1), on vit bien souvent, dans le dernier quart de siècle, le peuple, obéissant à ses prêtres, mettre sur le pavois, dans les élections, certains protestants dévoués au relèvement de la patrie.

(1) L. PAUL-DUBOIS, *op. cit.*, p. 85 et 87.

Position nouvelle de la question irlandaise et attitude nouvelle du clergé irlandais.

Mais cet éclectisme même, on le remarquera, soulignait d'une façon plus nette et plus crue le caractère expressément patriotique et politique de l'action ecclésiastique ; et dans cette générosité même, un péril se glissait et se cachait. Il devait éclater nécessairement, du jour où les divisions entre parnellistes et antiparnellistes coupaient en deux le parti nationaliste. Entrés jadis dans la mêlée politique parce qu'ils voulaient être des justiciers, les prêtres d'Irlande, s'ils s'étaient laissés engager trop à fond dans les compétitions entre Irlandais, eussent risqué de n'être plus que des politiciens. Le spectacle même de ces excès et de ces dangers fut pour la jeune génération cléricale irlandaise un avertissement et une leçon.

M. Louis Paul-Dubois a beaucoup observé ces jeunes prêtres ; il a noté leurs actes, surpris leurs rêves ; et ce qui l'a frappé surtout, c'est que la politique les absorbe beaucoup moins qu'elle n'absorbait leurs aînés. Ils s'y mêlent avec moins de passion, avec moins d'exclusivisme. C'est affaire aux excitateurs de profession de décréter le *boycottage* contre une vieille femme coupable d'avoir causé avec un gardien de la paix, ou contre un marchand coupable d'avoir mis en montre une gravure représentant le siège de Ladysmith (1), mais ces enfantillages mêmes suffiraient pour dissuader le sacerdoce de compromettre sa dignité dans certains procédés de lutte. Irlandais toujours et plus que jamais irlandais, les prêtres de la génération nouvelle aiment à s'élever dans des sphères plus sereines, où ils concertent une façon plus efficace de servir vraiment la cause de l'Irlande. On murmurait fort et l'on grondait fort, il y a moins de vingt ans, dans la chrétienté de là-bas, lorsque les condamnations de Rome brisèrent certains élans et bloquèrent la route où s'était lancée l'Eglise d'Irlande, mais on commence de s'apercevoir, à distance, qu'après un choc en retour assez vif, la déviation d'aiguillage lentement acceptée par cette Eglise ne mérite pas d'être regrettée.

Car de son côté, depuis quinze ans, l'Angleterre a fait, par intermittence, de sérieux efforts législatifs pour améliorer la situation de l'Irlande, et pour réparer, si l'on ose dire, l'œuvre de dévastation qu'elle-même y commit naguère, en y développant les germes d'une résurrection économique. Les politiciens du nationalisme irlandais sont légèrement déconcertés par ces nouveautés ; prisonniers en quelque façon des deux exigences de leur programme : rachat général des terres et autonomie politique de l'Irlande, ils se refusent, le plus souvent, à collaborer aux initiatives anglaises : dès 1895, M. Mac Carthy, leader des antiparnellistes, refusait de participer au comité organisé par Sir Horace Plunkett pour le relèvement économique du pays (2), et peu s'en faut que la fondation progressive des syndicats agricoles n'apparaisse à certains députés intransigeants comme un palliatif criminel, susceptible de retarder la solution de la question agraire (3).

(1) L. PAUL-DUBOIS, *op. cit.*, p. 129.

(2) L. PAUL-DUBOIS, *op. cit.*, p. 141. n. 1.

(3) L. PAUL-DUBOIS, *op., cit.*, p. 141, n. 2.

Tout au contraire, les membres du jeune clergé se persuadent, de plus en plus, que l'heure n'est plus aux bouderies systématiques, ni aux agitations politiques purement négatives (1). Libre aux députés de se complaire dans une attitude de taquinerie ou de protestation constante et de se laisser paralyser par la lettre des anciens programmes, comme si l'Irlande de 1907 n'avait rien autre à faire qu'à se débattre dans l'alternative de rester à tout jamais une province conquise ou de redevenir un Etat indépendant. Les jeunes prêtres d'Irlande, par là même, sans doute, qu'ils s'écartent des excès de la politique, ont une vue plus exacte et plus réaliste. Il est évident qu'ils ne renoncent pas à l'espoir du *home rule* ; combien sont-ils, les Irlandais qui vraiment y renoncent ? Mais, suivant l'heureuse expression de M. Firmin Roz, ce n'est plus qu' « une arrière-pensée d'avenir, qui ne tyrannise pas le présent » (2). L'action positive, plus sociale que parlementaire, plus économique que politique, plus évangélique que militante, séduit aujourd'hui les énergies des jeunes prêtres. Ce n'est pas le moindre intérêt du livre de M. Louis Paul-Dubois, de nous rendre sensibles, si discrets qu'ils soient encore, ces souffles nouveaux et féconds.

Ils veulent, ces jeunes prêtres, ne pas se laisser hypnotiser par la question de l'autonomie. « Le *home rule* légal, écrit en un endroit M. Louis Paul-Dubois, viendra après le *home rule* moral (3). » On peut dire qu'en ce moment le nouveau clergé d'Irlande

---

(1) Voir à ce sujet les pages de M. L. PAUL-DUBOIS, *op. cit.*, p. 138-141, sur le parti nationaliste.

(2) Firmin Roz, *Sous la couronne d'Angleterre*, p. 173. (Paris. Plon, 1885.) Toute la partie de ce livre intitulée : *L'Irlande et son destin*, renferme, avec des aperçus politiques qui préparaient à comprendre les pages de M. L. PAUL-DUBOIS sur le nationalisme, un exposé très brillant de la vieille histoire d'Irlande.

(3) L. PAUL-DUBOIS, *op. cit.*, p. 373

prépare le *home rule* moral, qu'il est surtout soucieux d'élever les Irlandais, de leur faire épeler leur vieille langue, de les instruire historiquement, de les éduquer techniquement, de les former au travail, à la prévoyance, à l'association.

Longtemps, là-bas, le prêtre souffrit avec le peuple ; et dans les famines où le peuple avait faim, le prêtre aussi avait faim. Montalembert nous a laissé l'histoire, ancienne déjà, de ce curé d'Irlande qui s'en allait « de hutte en hutte dire aux paysans affamés : Mes enfants, en ce moment fatal, n'oublions pas Notre-Seigneur, le Seigneur Dieu, qui donne la vie et qui la retire. » A sa voix, quinze cents spectres nus se traînaient à l'église et s'y prosternaient ; le curé montait à l'autel, et là, étendant ses mains amaigries sur la tête des mourants, il entonnait les litanies des agonisants et les prières des morts (1). » Le prêtre et le peuple, en Irlande, ne furent pas seulement solidaires pour la mort, mais aussi pour la vie. Ils surent, dès qu'ils purent prier Dieu en plein jour, faire sortir du sol, au cours du XIX° siècle, plus de 2.400 églises (2) construites avec des aumônes de prolétaires ; et ces pauvres, encore, prélevaient sur le néant de leur indigence de quoi payer le prêtre pour qu'il parlât d'eux à Dieu (3) ; et si dans l'émigration un salaire plus assuré faisait d'eux des riches, ils étaient fidèles, — tel cet Irlandais qui fut domestique de Le Play — à la pensée d'envoyer des écus en Irlande pour que leur village eût une chapelle. Aucune Église au monde n'a coûté plus de sacrifices à un peuple que n'a coûté l'Église d'Irlande aux Irlandais ; aucune aussi n'a été plus aimée, et l'on dirait qu'elle leur est chère en raison de ce qu'elle leur a demandé de souffrances. Une bal-

______

(1) Montalembert, *Œuvres polémiques*, I, p. 159.

(2) L. Paul-Dubois, *op. cit.*, p. 461.

(3) Sur les ressources du clergé irlandais, voir L. Paul-Dubois *op. cit.*, p. 463, et Mgr Boyle (*Correspondant*, 10 novembre 1905).

lade de là-bas traduit avec émotion la fidélité des cœurs
d'Irlande à leur clergé :

« Qui dans la nuit d'hiver, — *Soggarth aroon !*
(prêtre chéri !) — Quand la froide bise mordait, —
Soggarth aroon ! — est venu à la porte de ma cabane
Et sur le sol de ma chambre — s'est agenouillé près de
moi, malade et pauvre : *Soggarth aroon !*

Ah ! c'est vous, et vous seul, — *Soggarth aroon !* —
Et c'est pour cela que je vous ai été fidèle, — *Soggarth
aroon !* — Notre amour, ils ne l'ébranleront jamais, —
Alors que pour la vieille Irlande, — Nous avons épousé
une juste cause. — *Soggarth aroon* (1) ! »

Aujourd'hui que la bise est devenue moins mordante
et que le droit des Irlandais à ressusciter commence
d'être reconnu, aujourd'hui qu'à l'écart des *leaders*
parlementaires l'original mouvement du *Sinn Fein* (2)
vise au relèvement des Irlandais par les Irlandais eux-
mêmes et provoque, dans les masses profondes, un superbe effort de *self help*, le jeune clergé d'Irlande survient,
pour seconder cet âpre labeur de résurrection. Il
s'agit de leur donner des habitudes nouvelles, de les
amener à comprendre qu'ils peuvent être désormais, en
quelque mesure, les artisans de la prospérité nationale,
et de leur faire sentir qu'ils n'ont pas rempli tout leur
devoir lorsqu'ils se déchaînent contre l'Anglais, qui
jadis la ruina (3).

(1) PRESSENSÉ, *op. cit.*, p. 389.

(2) Voir sur le *Sinn Fein* un excellent article anonyme dans le
Correspondant du 25 novembre 1907, p. 652-685.

(3) De l' « esprit nouveau » qui anime le jeune clergé irlandais, on
trouve un témoignage digne d'être observé dans le joli livre de
M. P. A. Sheehan, *Mon nouveau vicaire, journal humoristique d'un
vieux curé* (Paris, Lethielleux).

X

L'action sociale du nouveau clergé irlandais.

Dès maintenant, dans cette Irlande où l'idée d'un enseignement non confessionnel fut et demeure repoussée par les catholiques, les 302 écoles fondées par l'Institut des *Christian Brothers* (Frères chrétiens), et qui groupent environ 30.000 élèves, donnent la meilleure instruction primaire (2) ; l'Institut des Sœurs de Saint-Patrick, celui des Sœurs de la Charité, ont aussi rendu de bons services. L'évêque protestant de Killaloe, dans un discours synodal de 1902, et M. Dale, protestant aussi, chargé par le gouvernement anglais, en 1904, d'une enquête sur l'enseignement, reconnaissent et envient cette supériorité des écoles primaires catholiques (1). Mais c'est l'honneur des *Christian Brothers* d'avoir senti qu'ils doivent profiter de leur prépondérance même pour collaborer, cordialement, à certaines initiatives civilisatrices où l'Angleterre a joué quelque rôle ; le département de l'agriculture et de l'enseignement technique, créé en Irlande par une loi anglaise en 1899, et subventionné d'ailleurs par des crédits presque exclusivement irlandais, n'a pas d'auxiliaires plus actifs que ces Frères pour le développement des écoles techniques (3). Ainsi vont les destinées : au XVIIIe siècle,

(1) L. PAUL-DUBOIS, *op. cit.*, p. 351, n. 1.
(2) L. PAUL-DUBOIS, *op. cit.*, p. 484-485.
(3) L. PAUL-DUBOIS, *op. cit.*, p. 441.

l'Eglise d'Irlande, traquée, improvisait en plein air
des écoles primaires qui s'appelèrent écoles buisson-
nières *(hedge schools)* ; la petite classe se transportait,
toujours furtive, toujours délinquante, de broussailles
en broussailles ; et pour les gamins irlandais de ce
temps-là, battre chaque jour les buissons voulait dire :
aller chaque jour à l'école ; et voici que cette Eglise,
qui jadis s'était faite pédagogue en dépit de l'Angleterre,
accueille et propage aujourd'hui, tout en gardant stric-
tement à l'enseignement le caractère confessionnel,
certaines innovations pédagogiques qui acceptent le
patronage de l'Etat anglais.

Dès maintenant, grâce aux subventions que, depuis
trente ans, l'Etat répartit entre les établissements d'enseignement secondaire, un certain nombre de collèges
catholiques existent (1) : de l'aveu de Mgr O'Dwyer,
évêque catholique de Limerick, le personnel des professeurs y laisse beaucoup à désirer (2). Mais les pourparlers engagés depuis quelques années entre l'épiscopat
irlandais et l'Etat anglais pour la création d'une uni-
versité catholique anglaise (3) ne sauraient tarder à
aboutir ; et dans le catholicisme irlandais, une élite de
laïques se formera, susceptible de prendre en main la
tâche de l'enseignement. Car le clergé d'Irlande — et
certains parmi les jeunes commencent à le comprendre
— ne gardera son ascendant que s'il fait une part plus
large, peu à peu, à la collaboration de l'élément laïque ;
et l'influence profonde de l'Eglise sur la vie irlandaise
se maintiendra d'autant plus intacte, que les partis
anticléricaux, dont M. Louis Paul-Dubois pressent la

(1) L. Paul-Dubois, *op. cit.*, p. 357.

(2) Ces lacunes sont exposées avec complaisance, voire même avec
passion, dans le livre de F. Hugh O'Donnell. *The ruin of education
in Ireland and the Irish fanar*, Londres, Nutt, 1902. Il cite, p. 132-140,
les témoignages de l'évêque de Limerick.

(3) Voir le plus récent projet dans la *Revue catholique des Eglises*,
avril 1907.

formation lente (1), n'auront aucun prétexte à dénoncer le « gouvernement des curés ».

Dans presque tous les pays, l'ascension politique de ce qu'on appelait les classes éclairées ou la bourgeoisie libérale marqua pour le catholicisme une sorte d'échec : il est encore temps, pour l'Eglise d'Irlande, d'échapper à ce péril (2) et de comprendre qu'en présidant, si l'on ose ainsi dire, à l'avènement civique des laïques, elle préviendra l'éclosion d'un certain esprit de laïcisation.

Dès maintenant, en Irlande, certains Jésuites et certains jeunes prêtres, héritiers et continuateurs de ce vieux clergé qui, au nom du ciel, aidait les Irlandais, leur enseignent à s'aider eux-mêmes. Non seulement, par une sérieuse propagande anti-alcoolique, ils essayent de restaurer, dans l'âme de ces pauvres gens, le sentiment de leur dignité d'hommes; non seulement, par une sérieuse instruction technique, ils les rendent aptes à un rôle utile et familiers à une vraie méthode de travail ; mais encore, par des syndicats agricoles, par des caisses Raiffeisen, ils leur inculquent l'habitude du *self help* social.

Pour que se relevât le niveau moral d'une paroisse, pour que les habitants devinssent plus industrieux, plus attachés à leur parole, plus honnêtes, il a parfois suffi qu'un prêtre fondât une banque rurale (3) : l'expérience a été faite et chaque jour elle se renouvelle. A l'origine, l'idée de coopération trouvait assez peu d'accueil dans le clergé paroissial d'Irlande, mais lorsqu'un

(1) L. Paul-Dubois, *op. cit.*, p. 489-492 ; il cite ce mot d'un protestant irlandais : « Si un mouvement anticlérical devait jamais réussir en Irlande, ce serait un tel danger de dégradation morale, sociale et politique, que toute espérance de relèvement national en serait du coup ruinée. »

(2) Rien ne peut mieux faire pressentir une telle éventualité que la lecture du livre cité de F. Hugh O'Donnell, dans lequel l'hégémonie du clergé en Irlande est rapprochée de la tyrannie du Phanar à Constantinople.

(3) L. Paul-Dubois, *op. cit.*, p. 435.

Jésuite, le P. Finlay, eut commencé de s'en faire l'apôtre (1), beaucoup de résistances furent vaincues, beaucoup d'inerties secouées. Au nom même de l'idée qu'il s'est faite de la mission sociale du prêtre, le P. Finlay, dès 1895, consentait à faire partie du comité d'enquête organisé par Sir Horace Plunkett pour le relèvement de l'agriculture et de l'industrie irlandaises (2), et à coudoyer, dans ce comité, le grand maître même de la loge orangiste de Belfast, agent suprême en Irlande de la propagande anticatholique (3). Nombreux sont maintenant les prêtres irlandais qui, cédant aux inspirations du P. Finlay, se comportent socialement comme les serviteurs de ce peuple dont, politiquement, leurs aînés étaient les maîtres. A Ballina, c'est un vicaire de campagne, l'abbé Quinn, qui fonde une fabrique coopérative de chaussures ; à Castlebar, c'est le curé Lyons qui organise une société de force électrique ; à Foxford, ce sont les Sœurs de la Miséricorde qui établissent une manufacture de tissus et réalisent des prodiges en relevant la condition des paysans cinq lieues à la ronde (4). Que l'on continue dans cette voie durant dix ans, disait un jour le P. Finlay, et l'émigration cessera d'atteindre ces chiffres anormaux qu'explique l'excès des misères (5).

Ainsi rattaché par des racines nouvelles à sa terre d'Irlande, l'Irlandais de demain complétera peut-être cette reconquête de son propre pays en faisant régner derechef la vieille langue gaélique. Mac Hale, on s'en

---

(1) L. Paul-Dubois, *op. cit.*, p. 487.

(2) Sur le rôle de sir Horace Plunkett dans ce mouvement de renaissance agricole et dans cet éveil de l'esprit coopératif, M. Raymond Recouly a publié, dans le *Temps* du 10 septembre 1907, une lettre fort intéressante.

(3) L. Paul-Dubois, *op. cit.*, p. 136.

(4) L. Paul-Dubois, *op. cit.*, p. 488.

(5) L. Paul-Dubois, *op. cit.*, p. 433.

souvient, avait vengé l'honneur de cette langue délaissée ; mais il se heurtait à d'étranges coquetteries : « Je n'en ferai rien par respect pour Votre Grâce », lui répondit un pauvre paysan qu'il invitait à parler en irlandais (1) ; et les efforts de Mac Hale n'avaient pas suffi pour sauver l'idiome national de cet étrange renom qui en faisait une langue triviale et presque incongrue.

Mais à Mac Hale d'autres prêtres succédèrent, par qui la fortune du réveil gaélique est à jamais assurée.

La *Société pour la propagation du gaélique*, fondée en 1879 par l'abbé Nolan, propage des rudiments de cette langue et donne des récompenses aux petits celtisants ; l'*Union Gaélique*, que le même abbé Nolan établit en 1879, publie le *Journal Gaélique* (2). Le séminaire de Maynooth est devenu l'un des centres du mouvement : l'abbé O'Growney, l'un des principaux promoteurs de de la renaissance gaélique, et son successeur, l'abbé O'Hickey (3), apprennent les jeunes clercs à reparler la même langue que parlaient, entre le ɪvᵉ et le vɪɪᵉ siècle, les 750 saints alors donnés par l'Irlande à la chrétienté.

L'élan des imaginations assouplit les lèvres rebelles ; on donne, à Maynooth, des représentations en irlandais, et les séminaristes publient un annuaire irlandais. Les évêques font comme les diacres ; à leur tour, ils impriment en irlandais leurs lettres pastorales. Les curés qui ont un instituteur à nommer exigent aujourd'hui, dans certains comtés, que le postulant connaisse l'antique idiome, et qu'il le parle (4) ; et c'est un prêtre, l'abbé Dineen, qui a réimprimé récemment les œuvres poétiques dans lesquelles O'Rahilly, Mac Donnell et O'Sul-

---

(1) L. Paul-Dubois, *op. cit.* p. 373.

(2) L. Paul-Dubois, *op. cit.* p. 383, n. l.

(3) L. Paul-Dubois, *op. cit.*, p. 391.

(4) L. Paul-Dubois, *op. cit.*, p. 403.

livan chantèrent en irlandais, au XVIIIe siècle, les malheurs de l'Irlande (1).

« Elle se fane, la langue gaélique, gémissait, il y a cinquante ans, le père Mullins, dans un poème célèbre. Oui, elle se fane : comme les feuilles sur les arbres ! Elle meurt, elle meurt, comme meurt, à l'ouest, la brise de l'océan. Elle disparaît rapidement, comme l'empreinte des pas sur le rivage : la langue de la vieille Erin, le trésor sacré dans lequel reposait, aux heures d'éclat comme aux heures de deuil, l'esprit des martyrs comme les corps dans leur tombe : la langue travaillée par le temps, dans laquelle murmurèrent, à travers les siècles de malheur, la voix secrète de la liberté, dans les annales et dans les chants : sûrement et rapidement, elle plonge dans une mort silencieuse, pour ne vivre que dans les mémoires, dans les reliques du passé (2). »

L'arrêt de mort que semblait prononcer le peuple irlandais contre sa propre langue est désormais cassé ; et ce fut un beau geste sacerdotal que celui des prêtres qui, fouillant le souvenir des hommes comme on explore un reliquaire, en firent jaillir, toute vibrante et toute chantante encore, la langue des aïeux.

Ecoles et collèges, syndicats et caisses rurales, coopératives et sociétés gaéliques, se disséminent et s'essaiment ; il y a là comme les points d'attache de cette « vie nationale nouvelle » qui, dans l'Irlande des quinze dernières années, tend à « s'organiser à côté de la politique et en dehors de la politique » (3). Le nouveau clergé d'Irlande s'est associé à cette sorte d'ascension de la vie nationale : sur tous les terrains, il a su se rendre utile ; et lorsque, en 1898, une loi bienfaisante investit la démocratie irlandaise d'une quasi souveraineté dans les affaires locales, ce clergé nouveau était là, tout proche d'elle, pour la guider et l'assister dans l'exercice de ses premières responsabilités civiques (4), et pour

(1) L. PAUL-DUBOIS, *op. cit.*, p. 410.
(2) HEALY, *op. cit.*, p. 435.
(3) Firmin Roz, *op. cit*, p. 167.
(4) L. PAUL-DUBOIS, *op. cit.*, p. 473.

que, dans ces conseils locaux, qui sont pour elle comme l'école primaire de la liberté, elle se révélât digne de cette liberté même. C'est par la base, c'est par les assises, que ce jeune clergé a repris en main la tâche de l'éducation nationale. Le temps n'est plus où Edmond Burke — c'était en 1792 — cherchait en Irlande l'influence des prêtres sur les Irlandais, et ne la trouvait point (1)... Le temps n'est plus, aussi, où des générations de prêtres Irlandais, rapprochés du peuple par la communauté des souffrances et justement admirés du peuple pour l'héroïsme de certaines luttes politiques, n'envisageaient à peu près, en dehors de leur mission proprement sacerdotale, que la besogne électorale... Une troisième période commence de se dessiner, durant laquelle le clergé d'Irlande prend place dans tous les domaines de la vie irlandaise, plus soucieux de créer à nouveau une civilisation irlandaise que de préparer une revanche... L'action appartient aux hommes et la vengeance à Dieu.

(1) HEALY, *op. cit.*, p. 239.

TABLE DES MATIÈRES

2224-07. — Imprimerie des Orphelins-Apprentis, F. Blétit.
40, rue La Fontaine, Paris-Auteuil.

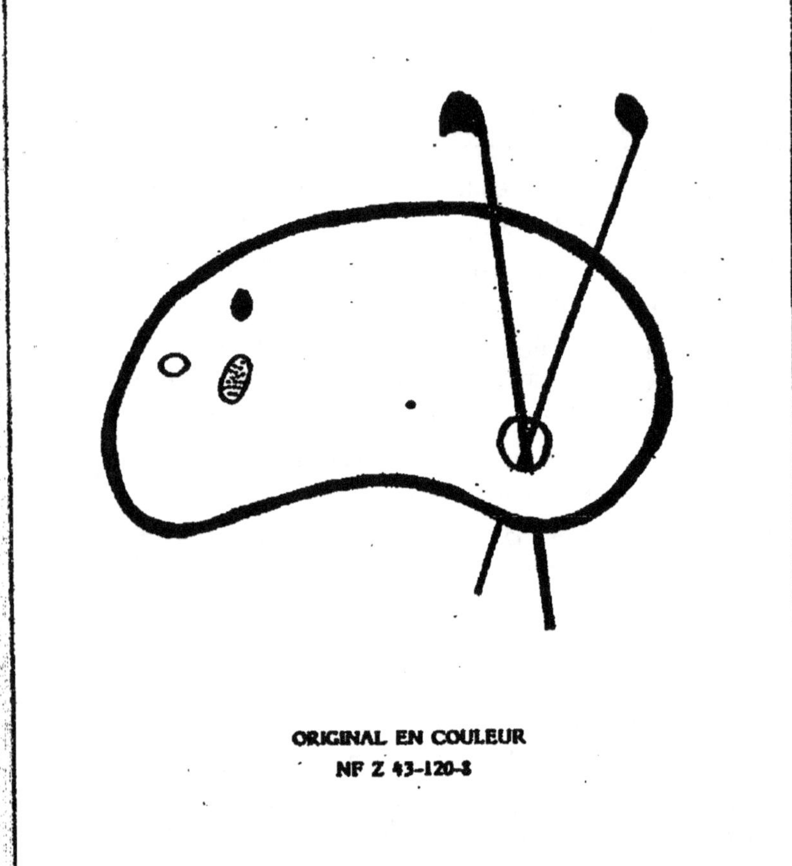
ORIGINAL EN COULEUR
NF Z 43-120-8

www.ingramcontent.com/pod-product-compliance
Lightning Source LLC
Chambersburg PA
CBHW051136050726
47594CB00003B/1114